I0254945

SOUVENIRS

DE LA PLACE

DE LA ROQUETTE

PAR

GEORGES GRISON

La Guillotine, son histoire, sa légende;
La chanson de la Guillotine;
les exécutions depuis le commencement du siècle.
M. Heindreich, M. Roch et M. Deibler.
Les exécutions à Paris :
Moreux, Couturier, Poirier, Moreau, Boudas, Bacquet,
Gervais, Billoir, Roux, Welker, Albert, Corsinesco,
Louchard, Barré et Lebiez, Laprade,
Jean Chambe, Prunier, Prévost, Menesclou, Lants. —
Conclusion.

PARIS

E. DENTU, ÉDITEUR

LIBRAIRIE DE LA SOCIÉTÉ DES GENS DE LETTRES
PALAIS-ROYAL, 15, 17, 19, GALERIE D'ORLÉANS

SOUVENIRS
DE LA PLACE
DE LA ROQUETTE

LIBRAIRIE DE E. DENTU, ÉDITEUR

———

DU MÊME AUTEUR

PARIS HORRIBLE ET ORIGINAL

TROISIÈME ÉDITION

1 volume grand in-18 jésus. Prix : 3 francs.

SOUVENIRS
DE LA PLACE
DE LA ROQUETTE

PAR

GEORGES GRISON

La guillotine, son histoire, sa légende. — La chanson de la guillotine.
Les exécutions depuis le commencement du siècle.
M. Heindreich, M. Roch et M. Deibler. — Les exécutions à Paris
Moreux — Couturier — Poirier — Moreau — Boudas — Bacquet — Gervais
Billoir — Roux — Welker — Albert — Corsinesco. — Louchard
Barré et Leblez — Laprade — Jean Chambe
Prunier — Prévost — Ménesclou — Lantz. — Conclusion

PARIS
E. DENTU, ÉDITEUR
LIBRAIRE DE LA SOCIÉTÉ DES GENS DE LETTRES
PALAIS-ROYAL, 15-17-19, GALERIE D'ORLÉANS
—
1883
Droits de traduction et de reproduction réservés

SOUVENIRS

DE LA

PLACE DE LA ROQUETTE

CHAPITRE PREMIER

HISTOIRE, LÉGENDES ET CHANSONS DE LA GUILLOTINE

Voilà la peine de mort abolie, de fait sinon de droit. Le jury a accordé des circonstances atténuantes à Gilles et à Abadie, ces bons jeunes gens qui allaient assassiner à la campagne et qui lui riaient au nez en racontant leurs exploits; à Foullois, ce joli crétin qui, après avoir tué son patron rue Fontaine-au-Roi, était allé faire le gandin en Alsace, s'imaginant qu'une fois la frontière passée, il ne courait plus aucun danger; à Bistor, l'étudiant dévoyé qui avait étranglé, avec la corde de son chien, la grand'mère d'un de ses amis, une pauvre bonne femme qui lui était venue vingt fois en aide et qui l'aimait comme un fils ; enfin à Fenayrou, le pharmacien-sportsman, inventeur d'une eau capillophile brevetée et d'un ligottage au plomb non brevetable... Après cela on peut, comme on dit vulgairement, « tirer l'échelle ».

D'ailleurs, si le jury n'eût pas trouvé de circonstances atténuantes, le Président de la République eût commué les peines. Systématiquement opposé à la peine de mort, M. Grévy vient de gracier toute une série des plus ignobles gredins que la terre ait portés. L'un avait défoncé la poitrine de son vieux père à coups de talon, parce que « le vieux » ne mourait pas assez vite. Un autre avait étranglé sa mère. Celui-ci avait assassiné sur les grandes routes. Celui-là avait éventré une petite fille... Tous graciés, tous !

Je n'ai rien à dire. Je m'incline devant la haute décision du premier magistrat de notre pays. Seulement il me semble évident que cela équivaut à l'abolition de la peine de mort et que la guillotine, à l'heure actuelle, n'est plus bonne qu'à prendre place dans un musée, comme curieux souvenir d'une autre époque.

Et, à titre de curieux souvenir également, je crois intéressant de conserver le récit des dernières exécutions.

— Peuh ! me direz-vous, c'est toujours la même chose !...

— Vous vous trompez. Depuis douze ans, j'ai assisté, — non par curiosité, mais par devoir professionnel — à vingt et quelques exécutions capitales. Eh bien ! chaque fois, j'ai trouvé un tableau saisissant et nouveau, chaque fois j'ai éprouvé des impressions différentes. En effet, toujours, il y a eu un point, une situation, des incidents qui donnaient à la lugubre cérémonie du jour un caractère particulier.

Il n'y a qu'une seule chose que j'ai invariablement constatée : je n'ai jamais vu de pluie une nuit d'exécution !

C'est une étrange coïncidence, mais elle existe.

En dehors de ce point commun, aucune exécution capitale ne ressemble à la précédente. On pourra s'en convaincre, si on a la patience de lire les récits qui vont suivre et qui, à défaut d'autre mérite, ont toujours celui d'être rigoureusement exacts. Je les ai écrits le matin même, arrivant soit de la place de la Roquette, soit en province, du lieu désigné pour les expiations suprêmes, encore tout brisé de la nuit passée en plein air, encore tout ému des secousses du drame. Ce sont mes impressions que j'ai jetées pêle-mêle sur le papier, prenant à peine le soin de les classer, n'osant pas les relire, de crainte de voir encore tourbillonner devant mes yeux, la tête grimaçante du supplicié dont le corps tressaille dans le panier d'osier.

C'est sur la prière de mes amis que je réunis ces pages isolées. Ils m'assurent que cela les a intéressés dans le journal et que cela intéressera plus encore en volume.

Je le désire et je commence mon travail.

Mais avant d'entamer le récit de la première exécution à laquelle j'ai assisté, je crois utile de dire quelques mots de l'instrument qui sert aujourd'hui aux hautes-œuvres et qui, depuis son invention, a été complètement modifié.

La *Guillotine*, pour l'appeler par son nom, nom impropre, on le sait, puisque, contrairement à la légende, le docteur Guillotin — mon compatriote, dont les petites-filles sont aujourd'hui institutrices près de Saintes, — n'a été ni l'inventeur, ni la première victime de cet instrument de supplice. — La *Guillotine* date de beaucoup plus loin qu'on ne saurait croire.

Le chroniqueur Jean d'Auton, mort en 1528, parle en effet de ce supplice dans ses chroniques, publiées pour la première fois en 1835, par M. Paul Lacroix (bibliophile Jacob). Racontant une exécution qui eut lieu à Gênes, le 13 mai 1507, pendant le séjour de Louis XII dans cette ville, il dit que Demetri Justinian, qui avait excité le peuple à la révolte, fut condamné à la peine de mort : arrivé sur le lieu du supplice, « il estendit
» le cou sur le chappus, le bourreau prit une
» corde à laquelle tenoit attaché un gros bloc, a
» tout une doulouere tranchante, antée dedans,
» venant d'amont entre deux poteaux, et tira la-
» dite corde, en manière que le bloc tranchant à
» celui Génois tomba entre la teste et les épaules,
» si que la teste s'en alla d'un costé et le corps de
» l'autre. »

Cette machine n'était autre que la *mannaja* décrite fort au long par le père Labat dans son *Voyage en Italie* en 1730, et avec laquelle fut tranchée la tête de Béatrix Cenci, à Rome, en 1600. Cet instrument de supplice se retrouve encore dans deux gravures sur cuivre, l'une de Georges Penez, mort en 1550, et l'autre de Henri Aldegrave, portant la date de 1553, ainsi que dans un tableau qui, selon M. de Reiffenberg, existerait encore à l'Hôtel-de-Ville d'Augsbourg. Jacob Cats, poète si populaire du royaume néerlandais, dans son poème intitulé *Doothiste* (le Cercueil, édition d'Amsterdam, 1665, in-4°, n° 42, lui consacre tout un chapitre.

Ajoutons encore que les Écossais avaient un instrument analogue, qui portait le nom de *maiden* et avec lequel furent exécutés le marquis d'Argyle (1651) et son fils (1685). Enfin, ce fut avec une machine de ce genre que fut décapité, à Toulouse, en 1632, le duc de Montmorency : « En ce pays-là, dit Paységur dans ses *Mémoires*, on se sert d'une doloire qui est entre deux morceaux de bois, et quand on a la tête posée sur le bloc, on lâche la corde et cela descend et sépare la teste du corps. »

Mais, bien que la machine fût connue, l'usage n'en avait lieu que dans quelques cas particuliers, et on continuait à employer la corde pour les roturiers, le glaive ou la hache pour les gentilshommes.

C'est le docteur Louis, secrétaire du collège des chirurgiens, qui fit, en 1792, le rapport pour l'adoption de la première guillotine. Elle fut établie par un nommé Tobias Schmitz, fabricant de pianos, sur le dessin d'un sieur Laquiante, greffier du tribunal de Strasbourg. Le couperet alors affectait cette forme :

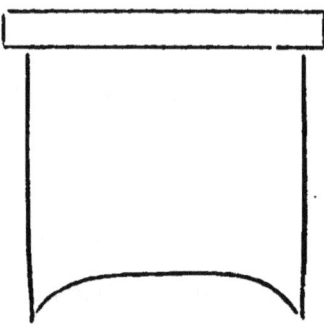

Mais sur la demande de Louis XVI, on adopta bientôt le fer triangulaire. Voici la forme qu'on lui donna, et qu'avaient encore en 1850 les vieilles guillotines des départements, qui furent vendues par les domaines comme *instruments de réforme :*

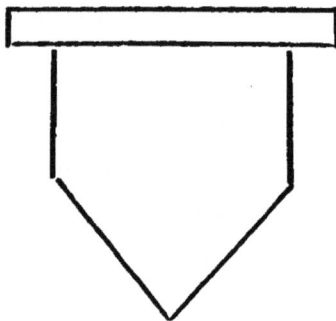

Le nouvel instrument de mort fut mis en usage le 25 avril 1792. A cette époque, les deux montants immenses entre lesquels était placé le couperet — *les bras de la guillotine,* comme on disait — étaient dressés sur une plate-forme à laquelle on n'arrivait que par vingt-quatre marches, et leur silhouette s'apercevait au loin. Tout le lugubre attirail était peint en rouge, non de ce rouge éclatant qui réjouit la vue, mais du rouge sombre que le sang prend à l'air.

C'est surtout alors qu'elle était un instrument d'horreur, cette guillotine au pied de laquelle on amenait le condamné à demi tué par les angoisses d'un long trajet, cette guillotine dont on lui faisait gravir les marches; où, après la funèbre toilette, on le liait *méthodiquement* sur la planche à bascule où de longs instants d'angoisse le séparaient de la fin du supplice.

Cet immense échafaud, qui faisait des exécutions un spectacle public, dont l'exécuteur, le prêtre et le condamné devenaient les acteurs, fut peu à peu baissé et réduit à la hauteur d'un homme debout. La plate-forme fut notablement diminuée. Enfin on réduisit même la hauteur des bras de la machine, en compensant la diminution de force que produisait cette réduction, par l'augmentation du poids de l'instrument tranchant, et la substitution, aux primitives rainures graissées de chandelle, où il opérait sa descente, de galets qui annihilent tout frottement. Dans ces conditions, l'appareil des hautes-œuvres de la justice était presque dissimulé par le rideau de gendarmerie à cheval qui entoure l'échafaud. Il l'est tout à fait, aujourd'hui que la guillotine est dressée sur le sol lui-même, et que la plate-forme est complètement supprimée.

Enfin, la traditionnelle couleur rouge est remplacée par une teinte vert sombre ou marron foncé.

En même temps qu'on faisait les modifications, on pensait à changer le couteau dont la pointe aiguë était facile à émousser. On pensa un instant à une lame carrée; mais il eût fallu un poids trop grand. Dans les instruments récemment fabriqués et qui seuls servent aujourd'hui, on emploie un couteau à lame oblique qui coupe en quelque sorte en biais et dont l'effet est immanquable.

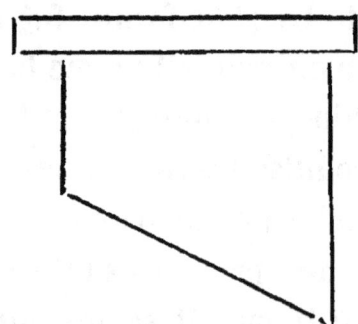

Avec la lame oblique, on n'a pas à redouter cette horrible scène que raconte Victor Hugo, dans la préface du *Dernier jour d'un condamné*, d'une femme que l'exécuteur *manqua* et sur la nuque de laquelle le couperet s'abattit cinq fois sans la tuer !

Dernière et importante modification. On ne lie plus le condamné sur la bascule. Au moment où le prêtre qui l'accompagne vient de lui donner les suprêmes consolations, on l'empoigne avec force et on le jette rapidement sur la planche sans lui donner le temps de se reconnaître...

Cette apparente brutalité est une humanité véritable. En outre, comme disait M. Roch, c'est *de l'ouvrage proprement fait !*

J'ai dit tout à l'heure que c'était à tort que le nom du docteur Guillotin avait été donné à l'instrument du supplice. Cela tient à une phrase restée célèbre, celle où le docteur, demandant que la mort fût donnée, non par un homme, mais par un moyen mécanique et répondant aux objections qui lui étaient faites, s'écria en pleine Assemblée Constituante :

— Avec ma machine, je vous fais sauter la tête en un clin d'œil, sans que vous ressentiez la moindre douleur !

Cela fit rire. Cela fut répété ! On en fit des gorges chaudes et des chansons :

>Guillotin
>Médecin
>Politique
>Imagine un beau matin
>Que pendre est inhumain
>Et peu patriotique.
>Aussitôt
>Il lui faut
>Un supplice
>Qui, sans corde ni poteau,
>Supprime du bourreau
>L'office.
>C'est en vain que l'on publie
>Que c'est pure jalousie
>D'un suppôt
>Du tripot
>D'Hippocrate
>Qui d'occire impunément,
>Même exclusivement
>Se flatte....
>. . . . .
>Et sa main
>Fait soudain
>La machine
>Qui simplement nous tuera
>Et que l'on nommera
>Guillotine.
>
>(*Actes des Apôtres,* n° 10.)

Une autre chanson explique le système :

> C'est un coup que l'on reçoit
> Avant qu'on s'en doute ;
> A peine on s'en aperçoit
> Car on n'y voit goutte.
> Tout à coup étant lâché
> Un couperet bien caché,
> Fait tomber
> Ber, ber,
> Fait sauter
> Ter, ter
> Fait tomber, fait voler la tête,
> C'est bien plus honnête!

La guillotine porta pendant quelque temps le nom de *Louison, Louisette,* mais cette appellation ne prévalut pas.

Puisque je parle de chansons et de vers, qu'on me laisse rectifier une erreur ou plutôt une supercherie littéraire, qui tend de plus en plus à s'accréditer et finira bientôt par devenir une légende, comme l'invention Guillotin.

Il y a quelques années a paru dans le *Figaro* une pièce de vers *inédite* d'Alfred de Musset, et que, disait-on, le poète de *Rolla* et des *Nuits* n'avait jamais voulu imprimer. C'était un sonnet intitulé *Paysage matinal :*

> Voici l'homme qu'un prêtre amène.
> Crrrac! Il est déjà « basculé » ;

> La lunette, assez large à peine,
> S'abat sur son col étranglé.
>
> Poum!... C'est fait. La justice humaine
> A son dû. Le chef décollé
> Tombe en la cuve demi-pleine
> De son très peu renouvelé,
>
> Pendant qu'en un long jet tiède
> Jusque dans l'estomac de l'aide
> Le sang fumant jaillit du col.
>
> Puis, la tête au panier se verse...
> Satan, penché sur la traverse,
> Guette l'âme, et la happe au vol.

Ces vers ont été reproduits plusieurs fois depuis et toujours sous le nom d'Alfred de Musset. Or, voici la vérité : ils ont été composés devant moi par mon ami Gaston Vassy. Nous avons même discuté pendant un quart d'heure, pour savoir s'il fallait les attribuer à Musset ou à Beaudelaire !

CHAPITRE II

LES EXÉCUTEURS. — LES 173 TÊTES DE M. ROCH.

Je ne veux parler que de ce que j'ai vu. Je ne ferai donc pas remonter mes biographies d'exécuteurs à plus haut qu'Heindreich.

Et encore celui-là l'ai-je à peine aperçu.

Je puis dire cependant que l'homme à qui l'exécution de Troppmann avait valu une véritable célébrité dans Paris, avait toutes les allures d'un parfait gentleman.

Six pieds de haut, froid, calme, l'œil clair, les cheveux blancs taillés en brosse, les favoris courts, la moustache et le menton toujours soigneusement rasés, il avait l'air d'un vieux colonel en retraite.

M. Heindreich « fonctionnait » en habit noir et cravate blanche.

Après chaque exécution, il se rendait à l'église et faisait dire une messe pour le supplicié qui venait, par son office, de passer de vie à trépas.

Puis, comme pour se purifier, il allait prendre un bain.

C'était, on le voit, un véritable bourreau de roman.

Cependant il ne fallait pas trop se fier à cette apparence de calme : un de nos confrères en a su quelque chose.

Je ne nommerai pas ce confrère, très connu dans Paris et qui, aujourd'hui, a du reste abandonné le journalisme pour le théâtre. Qu'il me suffise de raconter son aventure.

M. Heindreich habitait, 88, boulevard Beaumarchais — dans la même maison et sur le même palier que l'acteur Laferrière.

C'est en allant rendre visite à Laferrière que le journaliste rencontra Heindreich. Il causa avec *Monsieur de Paris* qui se montra fort aimable, fit pénétrer le visiteur dans son appartement et lui raconta toute une série d'anecdotes très curieuses.

— Mais, lui dit-il, je cause avec l'ami et non avec l'écrivain. Il est bien entendu que, moi vivant, pas un mot de notre entretien ne sera répété.

Le journaliste promit solennellement de se taire..., et le lendemain il faisait, avec ce que lui avait dévoilé Heindreich un article à sensation...

Cela lui coûta cher.

Deux jours plus tard, comme il montait l'escalier qui conduisait chez Laferrière, une main de fer s'abattit sur lui, le saisit par la nuque et l'enleva, en même temps qu'une voix furieuse lui disait sourdement :

— A genoux, misérable ! à genoux et demande pardon !...

Frissonnant jusqu'à la moelle des os sous l'étreinte du bourreau, le journaliste plia les genoux et cria grâce.

Heindreich, sans un mot de plus, le lâcha et rentra chez lui.

L'écrivain s'enfuit comme un fou et fut huit jours malade.

Jamais il ne retourna chez Laferrière.

M. Heindreich est mort le 29 mars 1872, jour du vendredi saint.

Il était âgé de soixante-dix ans et avait cinquante-quatre années d'exercice. Il avait en effet débuté à seize ans avec son père, exécuteur au bagne de Toulon.

M. Heindreich était garçon.

Il eut pour successeur Nicolas Roch, son premier aide.

Voici la copie de l'arrêté de nomination :

Ministère de la Justice
Secrétariat général
Division de la comptabilité et des archives
Bureau des archives

RÉPUBLIQUE FRANÇAISE

ARRÊTÉ

Le directeur des affaires criminelles et des grâces du ministère de la justice,

Vu l'article 2 du décret du 25 novembre 1870, en vertu des pouvoirs qui lui sont conférés, et conformément aux prescriptions de ce décret ;

Attendu le décès du sieur Heindreich, exécuteur en chef des arrêts criminels pour tout le continent français,

ARRÊTE :

Art. 1er. Le sieur Roch (Nicolas), 1er exécuteur adjoint des arrêts criminels, est nommé exécuteur en chef des arrêts criminels pour tout le continent français, en remplacement du sieur Heindreich.

Art. 2. Il touchera en cette qualité six mille francs, qui lui seront payés à partir du 1er avril 1872 par douzième et sans retenue, à la charge par lui de rester à Paris et de ne pouvoir s'absenter de cette ville sans la permission expresse et par écrit du chef du premier bureau de la division criminelle.

Art. 3. Il aura sous ses ordres cinq exécuteurs adjoints qui l'assisteront suivant les besoins du service, dans les exécutions capitales.

Fait à Paris, le 6 avril 1872.

Signé : X...

Pour ampliation :

Le chef du 1er bureau,

Signé : X...

Pour le directeur des affaires criminelles et des grâces :

Le chef du 1er bureau,

Signé : X...

Je ne ferai point ici le portrait de M. Roch, dont j'aurai à parler maintes fois dans les récits d'exécutions. Qu'il me suffise de donner sur lui quelques détails biographiques.

Il était né à Mende (Lozère), le 7 janvier 1813. Arrière-petit-fils et fils d'exécuteurs, ses premières années dans la vie furent celles de tous les enfants de son âge : il allait à l'école communale où, il faut bien le dire, il ne se distingua en aucune façon ; dès l'âge de dix ans, son père, le destinant à le remplacer dans sa charge, l'emmenait avec lui dans ses diverses opérations, et telles étaient les dispositions du jeune exécuteur de l'avenir, qu'en 1834, lors de sa première nomination, on lui attribuait dix ans de services.

En 1833, au mois de septembre, *François Roch*, exécuteur pour le département de la Lozère, étant en résidence à Mende, reçut l'ordre d'avoir à se transporter ainsi que son fils Nicolas, à l'endroit dit de Peirebeilhe, afin d'y assister le sieur *Pierre Roch*, exécuteur de l'Ardèche, qui avait à procéder à une triple exécution, celle des nommés Martin dit Leblanc, Marie Breysse, sa femme et Rochette (surnommé Fétiche), les terribles aubergistes de Peirebeihe, qui, après vingt-six ans d'assassinats, étaient enfin tombés sous la main de la justice.

C'est là que le jeune Nicolas Roch, voyant les ouvriers se disposer à dresser l'échafaud, posa avec déférence à son oncle cette question :

— De quel côté faites-vous « saluer » les condamnés ?

« Saluer », on le comprend, veut dire tomber la tête.

L'oncle Pierre, stupéfait de l'aisance avec laquelle parlait ce jeune homme de vingt ans, hésita un instant et répondit enfin :

— Mais, du côté de leur habitation.

— Ah ! comme nous alors, dit Nicolas ; vous avez raison, c'est plus « convenable » !

On voit qu'il était déjà rompu au métier.

Quelque temps après Nicolas Roch fut nommé aide exécuteur à Carpentras, où il ne fit qu'un séjour de six mois, pour cause de suppression d'emploi. Il revint aider son père, à Mende. En 1838, il retourna de nouveau à Carpentras, comme exécuteur provisoire, en remplacement d'Oswald Carré, révoqué pour avoir refusé de procéder à l'exécution de Jean-Louis Chabert.

En 1843, il fut nommé aide exécuteur à Lons-le-Saulnier, aux appointements de 800 francs, en remplacement de François Demoret, révoqué pour ivrognerie. En 1848, il eut de l'avancement et fut porté à 1,200 francs.

Pendant les dix ans qu'il passa à Lons-le-Saulnier, il n'eut à procéder qu'à une seule exécution pour son compte, tandis qu'il dut aller vingt-trois fois aider ses collègues des départements voisins.

C'est à ce titre qu'il assista à l'exécution du braconnier Montcharmont à Chalon-sur-Saône, exécution dramatique qui fit tant de bruit, surtout à cause de l'article de l'*Événement* où Charles Hugo, prenant à partie, non les bourreaux maladroits, mais la loi elle-même, lui reprochait de s'être *colletée avec le bourreau*.

Ce Montcharmont avait été condamné le 7 novembre 1850, pour avoir assassiné successivement deux gendarmes et un garde-champêtre. Le 10 mai, jour fixé pour l'exécution, l'échafaud fut dressé sur la place Ronde à Châlon. Mais, quand on vint pour chercher le condamné, il s'était barricadé dans sa cellule. Après une lutte assez longue, on le sortit et on le conduisit, les pieds et les mains liés jusqu'à la charrette sur laquelle il fallut le hisser, pour le mener au pied de l'échafaud.

Mais lorsqu'on l'en eut fait descendre et qu'on voulut lui faire monter l'escalier qui menait alors à la plate-forme sur laquelle était dressée la guillotine, il parvint à accrocher ses pieds aux marches en bois et, de ses larges et robustes épaules, il se retint avec une vigueur surhumaine. Des deux exécuteurs, l'un était âgé, l'autre de faible complexion; ils voulurent l'enlever, leurs efforts furent vains. Alors commença une lutte horrible. Montcharmont, dont les forces étaient décuplées par le désespoir, ramassé sur lui-même, l'œil fixe et concentré dans sa résistance, faisait corps avec l'obstacle et ne cédait pas une ligne de terrain. Il appelait à son secours, hurlait, invoquant le nom de son père et de sa mère.

Au bout de trente-cinq minutes d'efforts impuissants, on renonça à la lutte et le condamné fut réintégré dans sa cellule, où il continua de hurler. La guillotine resta toute la journée debout, entourée par la foule. Enfin, à quatre heures et demie du soir, arriva l'exécuteur de Dijon, mandé par le procureur de la République. Montcharmont fut lié de nouveau, mais, cette fois, de manière à ne pouvoir faire aucun mouvement. La gendarmerie et les soldats firent évacuer la place et force resta à la loi.

M. Roch avait une façon toute particulière de raconter cette dramatique histoire.

— L'amour-propre de mon confrère de Chalon, disait-il en terminant, a été seul la cause de tous les inconvénients que nous avons éprouvés. Je voulais lier le condamné, et ma manière qui ne m'a jamais fait défaut, m'eût tout aussi bien favorisé ce jour-là qu'aujourd'hui. La preuve en fut évidente à l'arrivée de l'exécuteur de Dijon. Sa présence devint inutile ; ce que je voulais faire le matin, on me le laissa faire le soir, et tout se *termina à ravir*.

En 1853, le 21 mars, il fut nommé exécuteur-chef à Amiens, dans le département de la Somme, en remplacement du nommé Henry Ganié, révoqué pour cause d'ivrognerie, pour avoir manqué au service adhérent à sa charge et de plus, lors de l'exécution de la femme Gain, pour n'avoir pas procédé à cette exécution à l'heure prescrite par le parquet, et s'être en outre refusé de monter dans la voiture qui devait transporter la condamnée au lieu de l'exécution.

Pendant les longues années de sa résidence à Amiens, Nicolas Roch a procédé à de nombreuses exécutions.

— Je n'en tenais pas bien compte, me disait-il un jour, mais je crois bien que cela ne va pas loin de trente.

Depuis, il se ravisa et lorsqu'il fut nommé exécuteur à Paris, il eut un registre sur lequel il consigna sommairement les principales circonstances de chacune de ses exécutions.

Cela nous permet de faire un bilan approximatif des têtes que Nicolas Roch a fait tomber :

Comme aide de son père, François Roch, il assista et prêta la main à vingt-sept exécutions. 27
A Lons-le-Saulnier il en a fait 1
Il a aidé à vingt-trois. 23
A Amiens, trente 30
                                        81
Comme aide d'Heindreich 10
Comme exécuteur-chef du continent français. 82
   Total : cent soixante-treize 173

La dernière exécution que Roch ait faite comme exécuteur de province, est celle du parricide Bellière, celui qui, suivant sa propre expression, avait retourné son couteau dans le cœur de son père « comme dans une motte de beurre ».

Elle eut lieu, le 21 janvier 1869, à Beauvais.

Le 24 juillet 1871, il était nommé adjoint de première classe à Paris.

Comme aide d'Heindreich, ai-je dit tout à l'heure, Roch a procédé à dix exécutions. En voici la liste :

1 25 octobre 1871, à Chaumont (nom inconnu);
2 Férié René, au Mans (Sarthe), 13 décembre 1871;
3 Ondé Antoine, à Saint-Bonnet (Cantal), 30 janvier 1872;
4-5-6 Guirard, Guillot, Proust, à Chartres (Eure-et-Loir), 19 février 1872;
7-8 Lagagne Amand, Catherine Gerbaud, à Saint-Mihiel (Meuse), 27 février 1872;
9 Joseph Lemettre, à Marquise (Pas-de-Calais), 5 mars 1872;
10 Brunet Gustave, à Versailles, 11 mars 1872 (dernière exécution d'Heindreich);

Voici maintenant la liste des 82 qu'il a faites comme exécuteur-chef :

1 Léon Bourgogne, à Troyes, 4 avril 1872;
2 Ducorbier, à Melun, 8 avril 1872;
3-4 Loth et Félicité Lombin, à Charleville (Ardennes), 17 avril 1872;
5 Romette, à Dijon, 19 avril 1872;

6   Tourres, à Aix, 29 avril 1872;
7   Moreux, à Paris, 17 juin 1872;
8   Mancel, à Caen, 6 juillet 1872;
9   Beltran, à Toulouse, 27 juillet 1872;
10-11 Toledano et Sitbon, à Marseille, 29 juillet 1872;
12 Bernard, à Lyon, 31 juillet 1872;
13 Courcol, à Arras, 3 août 1872;
14 Gauché, à Amiens, 16 août 1872;
15-16 Garbarino et Galetot, à Aix, 1ᵉʳ octobre 1872;
17 Piégelin, à Besançon, 6 janvier 1873;
18 Garel, à Reims, 10 janvier 1873;
19 Marchand, à Rennes, 14 janvier 1873;
20-21 Villiard et Perré, à Lyon, 14 février 1873;
22 Gard, à Laon, 25 mars 1873;
23 Hébrard, à Riom, 29 mars 1873;
24 Sévin, à Melun, 9 avril 1873;
25 Gauthier, à Angers, 15 avril 1873;
26 Iturmendi, à Nantes, 19 avril 1873;
27 Vachot, à Lyon, 24 avril 1873;
28 Couturier, à Paris, 24 mai 1873;
27 Risslé, à Châlon, 27 mai 1873;
30 Jean-Baptiste François, à Laon, 26 juillet 1873;
31 Hulans, à Châteaudun, 14 octobre 1873;

32 Antoine Praval, à Carcassonne, 15 octobre 1873 ;

33 Blaise Rondepierre, à Varennes, 11 décembre 1873 ;

34 Pierre Taurissin, à Tulle (Corrèze), 15 janvier 1874 ;

35 Carillon Gissal, à Bayonne (Basses-Pyrénées), 8 avril 1874 ;

36 Jean Marsaud, à Poitiers (Vienne), 10 avril 1874 ;

37-38 Philippe Sevaineur et Pierre Lasserre, à Toulouse (Haute-Garonne), 21 avril 1874 ;

39 Antoine Cerisat, à Pibrac (Haute-Garonne), 30 juin 1874 ;

40 Jean-François Poissi, à Vesoul (Haute-Saône), 15 septembre 1874 ;

41 Louis-Sylvain Poirier, à Chartres (Eure-et-Loir), 29 septembre 1874 ;

42 Joseph-Marie Mariani, à Nîmes (Gard), 3 octobre 1874 ;

43 Pierre-Désiré Moreau et Charles Boudas, à Paris, 13 octobre 1874 ;

44 André Gaulfat, à Chalon-sur-Saône, 20 octobre 1874 ;

45 Joseph-Hippolyte Gaillot, à Moulins (Allier), 14 décembre 1874 ;

46 François Terrier, à Nîmes (Gard), 2 février 1875 ;

47 Pierre-Louis Bacquet, à Paris, 31 mars 1875 ;

48 Léon-Pierre Ruffin, à Cambrai (Nord), 15 avril 1875 ;

49 Nicolas Labauvoye, à Épinal (Vosges), 22 juin 1875 ;

50 François Sanchon, à Beaucaire (Gard), 10 juillet 1875 ;

51 François Rieubernet dit Besse, à Toulouse (Haute-Garonne), 13 juillet 1875 ;

52 Jean Fradon, à Bordeaux (Gironde), 2 août 1875 ;

53 François Chaussy, à Nancy (Meurthe-et-Moselle), 15 novembre 1875 ;

54 Jean-Honoré Allongue, à Draguignan (Var), 9 décembre 1875 ;

55 Jean-Baptiste-Émile Gervais, à Nancy (Meurthe-et-Moselle), 31 décembre 1875 ;

56 Sophie Gontier, veuve Colombe, femme Bouyon, à Bourg (Lot), 4 janvier 1876 ;

57 Joseph Riaud, à Rennes (Ille-et-Vilaine), 8 janvier 1876 ;

58 André Courbis, à Valence (Drôme), 15 juin 1876 ;

59 Jean-Baptiste Pascal, à Bordeaux (Gironde), 3 juillet 1876 ;

60 Toussaint-Léon Gervais, à Paris, 12 août 1876 ;

61 Roldam Moralès Segundo, à Perpignan (Pyrénées-Orientales), 2 septembre 1876;

62 Maxime Marin, à Blois (Loir-et-Cher), 18 septembre 1876 ;

63 Marius Turcan, à Nice (Alpes-Maritimes), 14 décembre 1876 ;

64 Louis-Charles Yden, à Douai (Nord), 20 décembre 1876 ;

65 Julien Ducaux, à Toulouse (Haute-Garonne), 27 décembre 1876 ;

66 Charles-Émile Moulout, à Saint-Mihiel (Meuse), 24 mars 1877 ;

67 Baptiste-Joseph Billoir, à Paris, 25 avril 1877 ;

68 François Badel, à Tarbes (Hautes-Pyrénées), 12 mai 1877 ;

69 Ange-Valentin Roux, à Versailles (Seine-et-Oise), 21 juin 1877 ;

70 Augustin Changeur, à Angers (Maine-et-Loire), 22 juin 1877 ;

71-72 Léonard-Théophile Aublin, Julien Hubet, à Douai (Nord), 28 juin 1877 ;

73   Léon-Paul Vitalis, à Marseille (Bouches-du-Rhône), 17 août 1877 ;
74   Jean-Pierre Welker, à Paris, 11 septembre 1877 ;
75   Jean-Sylvestre-Clovis Frison, à Laon (Aisne), 13 septembre 1877 ;
76   Antoine-Joseph Albert, à Paris, 25 octobre 1877 ;
77   Louis-Théophile Corsinesco, à Melun (Seine-et-Marne), 4 janvier 1878 ;
78   Jean-Marie Siméan, à Aix (Bouches-du-Rhône), 22 février 1878 ;
79   Modeste Louchard, parricide, à Évreux (Eure), 18 mars 1878 ;
80   Laurent, à Lyon, 13 juillet 1878 ;
81-82 Barré et Lebiez, à Paris, 7 septembre 1878.

Dans son intérieur, ce fonctionnaire terrible était le meilleur homme qu'on pût imaginer. Il était marié et père de huit enfants : quatre garçons et quatre filles, dont l'aînée a épousé M. Berger, l'un des aides de son père.

Madame veuve Roch habite encore le logement où son mari est mort, 8, rue Rochebrune (ancienne rue Nouvel), au deuxième étage.

Elle a gardé pour son mari qu'elle chérissait un

véritable culte, et on ne peut lui faire plus de plaisir qu'en vantant son talent comme exécuteur.

— Ah ! oui, dit-elle, on pourra en trouver qui « travailleront » aussi bien, mais jamais mieux.

Madame Berger, une belle jeune femme blonde, à l'air pensif, parle aussi de la bonté ineffable de son père, qui, dit-elle, jouait avec les petits, comme un véritable enfant.

Une dernière particularité sur Roch : En province, il portait aux oreilles deux petits anneaux d'or, auxquels il paraissait tenir beaucoup. Quand il fut nommé à Paris, il en fit le sacrifice !

M. Roch est mort d'une attaque d'apoplexie, le 24 avril 1879.

Il a eu pour successeur l'un de ses aides, M. Deibler, dont je parlerai plus loin.

CHAPITRE III

LE BILAN DES EXÉCUTIONS

Je n'ai plus que quelques mots à dire pour en terminer avec ces préliminaires et commencer les récits des exécutions auxquelles j'ai assisté.

Je vais simplement faire jeter à mes lecteurs un coup d'œil sur la statistique des exécutions capitales depuis le commencement du siècle.

Ce coup d'œil sera instructif.

De 1800 à 1825, c'est-à-dire pendant le premier quart du siècle, il a été prononcé 6,665 condamnations à mort, sur lesquelles, malgré l'absence de chiffres officiels, nous pouvons déduire plus de moitié pour les pourvois et les recours en grâce suivis d'effet. Reste environ trois mille exécutions en vingt-cinq ans, c'est-à-dire une moyenne de cent vingt exécutions par an.

Dans cette période, les années les plus chargées sont 1816 : 514 condamnations; 1817 : 558; 1818 : 324; celles où les condamnations à mort ont été le plus rares sont 1814 : 183; 1824 : 201 et 1825 : 176.

De 1825 à 1850, le nombre des condamnations à mort baisse d'une façon notablement sensible; il est de 1,563 seulement, sur lesquelles on compte 999 exécutions, c'est-à-dire à peine 40 par année. Il est vrai que certaines modifications ont été apportées dans nos lois pénales, que la peine de mort prononcée contre le falsificateur de billets de banque, par exemple, a été changée en celle des travaux forcés, que la peine de mort pour incendie n'est, grâce aux circonstances atténuantes, presque jamais appliquée. Aussi les trois premières années, qui sont les plus chargées, dépassent-elles seules le nombre cent (1826 : 150; 1827 : 109; 1832 : 114), et certaines autres, comme 1831, baissent-elles à 25, 1836 à 30, 1837 à 33. La proportion des exécutions est environ de 75 0/0, sauf en 1840, où, sur 51 condamnations, 6 commutations de peine seulement ont été accordées.

De 1850 à 1860 les chiffres baissent encore. Il y a 502 condamnations et 283 exécutions pour ces dix ans. Soit 50 condamnations et 28 exécutions par année. Les deux années les plus chargées sont 1854 : 79 condamnés, 37 exécutés; et 1855 : 61 condamnés, 28 exécutés. Les moins chargées sont 1858, 1859 et 1860 : 39 condamnations chacune sur lesquelles deux tiers d'exécutions.

La marche descendante continue à se faire sentir de 1860 à 1870. 193 condamnations seulement sur lesquelles 84 commutations de peine. Sur cette moyenne de 11 exécutions par année, 1864, 1866 et 1870 se font remarquer. Dans chacune de ces trois années, le funèbre couperet ne s'est abattu que cinq fois !

Après la guerre, la moyenne, toujours décroissante jusqu'alors, semble remonter. En 1871, 16 condamnations à mort, 10 exécutions; en 1872, 31 condamnations, 24 exécutions, en 1873, 31 condamnations, 15 exécutions; en 1874, 31 condamnations, 12 exécutions ; en 1875, 33 condamnations, 10 exécutions; en 1876, 22 condamnations, 10 exécutions; en 1877, 1878, 1879, 1880,

1881, 1882, 1883, le nombre des condamnations ne se modifie pas beaucoup. Il augmente peut-être même, malgré la clémence — d'autres disent faiblesse — du jury, et celui des exécutions décroît...

C'est peut-être du reste cette seconde partie qui est la cause de la première. Les criminels raisonnent. Du moment où ils voient qu'on gracie les condamnés à mort, ils ne craignent plus autant la justice. Le nombre des assassinats augmente donc.

C'est logique.

Et maintenant je commence mes récits par la première exécution que M. Roch, exécuteur-chef du continent français ait faite à Paris, assisté de ses cinq adjoints, MM. Gagne, Desfourneaux, Berger, Deibler et Étienne.

CHAPITRE IV

EXÉCUTION DE MOREUX

(17 juin 1872)

Moreux n'a point laissé de nom dans les fastes du crime. C'était un criminel vulgaire dont, au milieu de tous les procès à tapage de la Commune, le jugement passa presque inaperçu. C'était une sorte d'Hercule qui avait assassiné une fille pour la voler au profit de sa femme légitime. Celle-ci même, disait-on, avait comparu à la cour d'assises, vêtue, parée d'une robe de la victime. Était-ce bien exact? Je n'oserais l'affirmer. Ce qu'il y a de certain, c'est que Moreux avait apporté à sa femme les vêtements de celle qu'il venait d'assassiner, en disant qu'il les avait achetés au Temple. Arrêté, il n'avait pas nié son crime et il avait été condamné à mort le 13 mai 1872. Le 17 juin, on l'exécuta.

Le public était blasé sur les exécutions, comme sur les émotions des procès. Il y eut peu de monde à la Roquette. Une vingtaine de noctambules, qui avaient appris la nouvelle, après souper et quelques journalistes, leur calepin à la main, formaient seuls le public du dénouement de ce drame.

Et pourtant il y avait là deux attraits de nouveauté. Depuis deux ans on n'avait pas guillotiné à Paris ; M. Heindreich était mort, et l'appareil des hautes-œuvres avait été, disait-on, complètement modifié. Comme le racontait naïvement le factionnaire du Dépôt des condamnés, « il n'y avait plus d'échafaud, il n'y avait que la guillotine !... »

Les curieux allaient donc avoir la double primeur du nouvel appareil et du nouveau bourreau. Aussi suivirent-ils avec intérêt *le montage*.

On sait que cinq dalles de granit, placées sur le sol, devant la porte de la Roquette, servaient de point d'appui aux montants de l'échafaud. C'était ce que les voleurs, dans leur expressif argot, appelaient l'*Abbaye de Saint-Pierre*, et, dans une de ses poésies de captivité, Lacenaire leur avait dédié cette strophe.

> Oh ! je vous connais bien, dalles qui faites place
> Aux quatre pieds de l'échafaud,
> Dalles de pierre blanche où ne reste plus trace
> Du sang versé par le bourreau.

Dans le nouveau système la dalle centrale est seule utilisée. Deux pièces de bois, forma , sont posées sur cette dalle.

A leur intersection se dressent les deux montants, haut de cinq mètres et garnis, à l'intérieur, de rainures de cuivre dans lesquelles glissent le mouton, le couperet et la partie supérieure de la lunette. En avant, une sorte de grand récipient, en tôle, ressemblant assez à un seau à charbon, est destiné à recevoir la tête et à l'empêcher de rouler au loin, hideux et scandaleux spectacle qu'on tient à éviter. En arrière, un autre récipient en osier doublé de tôle, plein de sciure de bois, est placé à droite de la planche à bascule. Une planche verticale est à l'extrémité de l'appareil. Une autre planchette oblique relie la bascule au panier. C'est là-dessus que le corps glisse après l'exécution.

Le bois est peint de couleur sombre. Le couteau n'est plus brillant comme autrefois. A dix pas on n'aperçoit que les deux montants et le lourd mouton de fonte qui pèse sur la lame et doit augmenter sa force en accroissant la rapidité de sa descente...

— Ça ressemble, dit un des assistants, à une grande machine à coudre.

On s'attend à voir, selon l'usage, essayer la machine sur une botte de paille. Mais cette espérance est déçue. L'exécuteur se borne à faire jouer un peu le mouton dans les rainures. Cela lui suffit pour être satisfait.

On regarde aussi M. Roch, le nouvel exécuteur, qui fait ses débuts, — à Paris, s'entend, car M. Roch a « de la province ».

On est arrivé avec l'idée d'apercevoir un personnage à la physionomie particulière, sauvage, étonnante, grandiose... on voit un homme à figure placide et douce, vêtu d'une belle redingote à la propriétaire, bien étoffée et bien brossée, chaussé de bottines en chevreau, à bouts vernis, toutes neuves. Sur un abdomen un peu proéminent se balance une grosse, trop grosse chaîne d'or. Ses favoris grisonnants, son nez un peu busqué, ses petits yeux gris clair, ne parviennent pas à donner à son visage un caractère. C'est une figure qu'on a rencontrée cent fois. M. Roch pourrait être pris *ad libitum* pour un maître charpentier retiré après une honnête aisance, ou pour un huissier de campagne endimanché.

Il est là, allant, venant, surveillant avec un soin paternel l'installation de son appareil, faisant placer une cale ici, resserrer une vis là, essuyer un ressort qui se rouille, une plaque que la brume du matin ternit. Quand il a, la lanterne à la main, constaté que tout est bien en ordre, il allume un cigare dont il coupe soigneusement le bout avec un canif, remet dans sa poche canif et boîte d'allumettes, et lance ses bouffées de fumée avec la béatitude d'un bon bourgeois satisfait de l'excellente tenue de sa cuisine.

Pas d'émotion apparente. Il faut qu'une complication grave, un accident, un accroc, se produisent, pour qu'il sorte de sa tranquillité. Depuis sa naissance, du reste, il est dans le métier; tout jeune, à Amiens, il aidait son père aux expositions du pilori qui avaient lieu les jours de marché. Plus tard, il devint second aide, premier aide, titulaire enfin. Avant de remplacer M. Heindreich à Paris, il avait fait tomber déjà bien des têtes.

Vers quatre heures, un petit groupe se forme

autour de lui. On le questionne, il répond sans emphase aux questions qu'on lui pose. Il est un peu gêné, parce qu'il ne connaît personne. A un officier de paix qui lui demande s'il n'a pas aidé Heindreich, lors de l'exécution de Troppmann, il répond avec modestie :

— Non, monsieur, je n'étais pas *de* Troppmann.

L'exécution doit avoir lieu à cinq heures ; à quatre heures vingt minutes arrive M. l'abbé Crozes, le vénérable aumônier des condamnés.

Au moment où il entre dans la prison, suivi par le chef de la sûreté, M. Claude, et par M. Isembert, greffier d'appel, un gamin placé dans la foule entonne le refrain d'Hervé :

> On va lui couper la tête
> C'est bien fait!...

Ce morceau de l'*OEil Crevé* peut être fort drôle aux *Folies-Dramatiques* ; mais en ce moment il vous fait passer un frisson dans le dos. On a envie d'assommer le gamin.

On se renseigne auprès d'un vieux gardien, sur ce que fait le condamné.

— Il s'y attend, dit le bonhomme. Depuis une heure, il est levé et marche dans sa cellule en fumant sa pipe.

— Est-il abattu ou résigné?

— Eh !... il sera *propre !*...

Le vieux gardien a raison. Quand l'abbé Crozes annonce à Moreux que l'heure de l'expiation approche, celui-ci reçoit très tranquillement la fatale nouvelle.

— Je croyais pourtant que *ça irait* jusqu'à mercredi, dit-il seulement.

Puis il pose sa pipe et se confesse. Le greffier de la cour lui lit son arrêt et lui notifie le rejet de son pourvoi. On va au greffe. La toilette est vite terminée, Moreux portant très courts le peu de cheveux qui couvrent sa tête.

M. Roch vient pour le lier.

— N'y aurait-il pas moyen de se dispenser de cela? demande le condamné.

— C'est impossible.

— Alors, faites, monsieur !...

On lui passe une corde lâche autour des pieds, on lui lie les mains derrière le dos. Il refuse le verre d'eau-de-vie qu'on lui présente et, malgré les entraves, s'avance d'un pas ferme.

La porte de fer de la prison s'ouvre. Le condamné paraît entouré par les cinq aides de l'exécuteur, vêtus de noir, comme des employés des pompes funèbres.

A moitié chemin de la porte à la machine, l'abbé Crozes s'arrête, embrasse le condamné, lui donne à baiser le crucifix et court à sa voiture. Moreux tourne la tête dans la direction que suit l'aumônier, et apercevant à sa gauche le gardien-chef :

— Adieu, Morel, lui dit-il, vous voyez où conduit le vice.

Puis il lève la tête et aperçoit le couperet qui brille... Ses yeux papillotent, hagards. Il les baisse et marche rapidement vers la bascule.

On entend trois coups sourds. Le corps roule dans le panier, la tête dans le seau.

L'exécution est finie.

Et au moment où l'aide qui est devant, essuyant sa barbe tachée de sang, sort la tête du seau, pour la réunir au corps dans le fourgon, deux coups de sifflet se font entendre... Ce sont des gens qui trouvent que ça a été *trop tôt fini*.

CHAPITRE V

COUTURIER

(21 mai 1873)

— C'est de sa faute, aussi. Pourquoi qu'elle m'a défié ?

Telle fut la seule justification que trouva Couturier devant le jury lorsqu'on l'accusa d'avoir assassiné sa femme.

Couturier avait soixante ans. C'était un grand bel homme, aux cheveux tout blancs, portant la moustache blanche en brosse, tournure d'ancien militaire. Ce n'était pourtant pas de l'armée qu'il sortait, mais des pompes funèbres, et le seul uniforme qu'il eût porté était l'habit noir et le chapeau luisant du croque-mort.

En quittant les pompes funèbres, Couturier s'était établi marchand de vin sur le boulevard de Vaugirard. Étrange marchand de vin qui, sous prétexte d' « allumer le client », buvait toute la journée. Sa femme, qui voyait la maison décliner, le querellait sans cesse, si bien qu'un jour, il déposa son tablier et déclara qu'il ne se mêlerait plus de rien du tout.

Il fit mieux : il alla louer une chambre à part. Mais, s'il ne parut plus au comptoir comme patron, il y revint comme consommateur. Mauvais consommateur, car il buvait beaucoup et ne payait jamais.

Ce n'était pas ainsi que sa femme avait compris son retrait des affaires ; aussi recommença-t-elle à se fâcher.

Le 11 décembre 1872, à sept heures du matin, Couturier vint, selon son habitude, boire chez sa femme. Celle-ci, le voyant déjà un peu ivre, lui déclara qu'il n'y avait plus de vin.

— Qu'à cela ne tienne, dit Couturier en prenant le broc, je vais aller en tirer à la cave...

— Je te le défends !... s'écria la femme.

— Peuh ! peuh ! c'est pas toi qui m'empêcheras de faire ce que je voudrai.

— Je vais aller fermer la porte du caveau.

— T'en avise pas. Si tu descends à la cave, je te ferai ton affaire.

— Essaye donc, matin !...

— M'en défie pas !...

— Si, je t'en défie !...

Et, tandis que Couturier descendait à la cave, son broc à la main, sa femme le suivait en le menaçant.

Arrivé au bas de l'escalier, il prit une hache qui se trouvait près d'un tas de bois et dit en la brandissant :

— Ne dis pas « *chiche* », ou ça y est.

— *Chiche, chiche*, grand lâche !... cria la femme.

D'un coup de hache, Couturier l'abattit. Elle avait le crâne fendu jusqu'aux épaules. Couturier lui porta encore deux autres coups ; puis, il alla remplir son broc et but à son aise.

Dans la journée, comme on s'inquiétait de savoir où était sa femme, il raconta sans difficulté le drame du matin. Arrêté, il en fit le récit au commissaire de police et au juge d'instruction. Devant le jury, il le répéta complaisamment en reprenant sa phrase favorite :

— C'est de sa faute. Fallait pas qu'elle me défie !

— Pourquoi, lui demanda le président, avez-vous porté trois coups, puisque, de votre aveu, elle était morte au premier ?

— C'était pour bien en finir !... répondit avec satisfaction l'accusé.

Les jurés le déclarèrent coupable sans circonstances atténuantes. Mais, le considérant comme une brute presque irresponsable, ils signèrent à l'unanimité un recours en grâce.

Malgré ce recours, la peine de mort, prononcée contre Couturier, ne fut pas commuée.

L'exécution eut lieu le 24 mai.

La préfecture de police fut très sévère sur l'admission dans l'enceinte réservée. On ne pouvait y arriver qu'avec une autorisation signée du ministère de la justice.

Aussi y avait-il peu de monde autour de l'échafaud.

A quatre heures du matin, Couturier qui dormait fut réveillé par l'abbé Crozes. La vue de l'aumônier à pareille heure lui fit comprendre le terrible motif de sa visite.

— C'est donc bien vrai? dit-il avec sang-froid. C'est drôle, j'espérais pourtant bien que mon pourvoi serait accepté !...

— Mon fils, il faut vous résigner...

— C'était vraiment pas la peine de me faire attendre si longtemps. C'est dur, tout de même !...

Le greffier d'appel, M. Aussilloux, commissaire de police de la Roquette, M. Claude, chef de la sûreté et le directeur, vinrent l'encourager. Il les reçut avec son sang-froid abruti.

— Je me tiendrai bien, allez. Je ne suis pas de ceux qui *flanchent*...

— Voulez-vous écrire à votre famille ? demanda M. Claude.

— Pas la peine !...

— Avez-vous besoin de manger, de boire ? dit à son tour le directeur de la prison.

— Pourquoi ? puisque je vais mourir.

On fit entrer M. Roch. A son aspect, Couturier ne put retenir un mouvement.

— Vous le connaissez ? demanda M. Claude.

— Pour sûr !...

La toilette commença. En sentant le froid des ciseaux qui lui touchaient l'épaule, il frissonna et demanda un peu d'eau-de-vie. On lui en apporta deux petits verres qu'il avala coup sur coup.

— Ça avance-t-il ? demanda-il alors à M. Roch.

Le ligottement était terminé, la levée d'écrou fut faite. A cinq heures cinq minutes, la grande porte de la Roquette s'ouvrit à deux battants.

Couturier parut appuyé sur deux gardiens. Devant lui, marchant à reculons, l'abbé Crozes cherchait à lui cacher la guillotine. Mais le digne aumônier est de toute petite taille. Par-dessus sa tête le condamné vit le couteau.

Il fit un soubresaut en arrière, avec une telle violence que les deux aides faillirent en être renversés. Puis, se contenant, il reprit son impassibilité et marcha d'un pas vacillant vers la guillotine.

Il baisa le crucifix en même temps que les deux aides, le poussant violemment, le bousculaient sous la lunette.

Là, encore une fois, la chair se révolta. Il y eut un mouvement aussitôt réprimé par l'aide qui tenait la tête... Selon une légende qui courut ce jour-là à Paris, Couturier aurait été guillotiné deux fois, c'est-à-dire que le premier coup, mal assuré, ne lui aurait coupé que le menton, et il aurait fallu soulever le couperet pour lui trancher la tête...

Nous qui avons assisté à l'exécution, et qui avons vu le cadavre, une heure après, au cimetière de Gentilly, nous pouvons dire quelle fut l'origine de cette légende.

Dans ce dernier mouvement, l'aide, en repoussant la tête qui se redressait, heurta le menton du patient sur le rebord garni de cuivre de la lunette. Le choc fut si fort que le sang jaillit. De plus, comme la main de l'aide était engagée entre les deux rainures, on ne put lâcher aussitôt le *déclique* qui fait abattre le couteau. Il y eut donc un intervalle de quelques secondes entre le « basculement » et l' « abatage ».

Voilà comment Couturier passa pour avoir été guillotiné deux fois.

CHAPITRE VI

LES CRIMES DE CHARBONNIÈRES

(*La chasse à l'homme.*)

On se souvient des crimes de Digny et de Charbonnières (1), de ces assassinats mystérieux, qui, concordant avec les assassinats de Limours, répandaient la terreur dans toute la contrée. C'était, tout le monde le déclarait, le même coup d'assommoir, la même *facture* qu'à Limours, et comme à Limours, à Forges, à Vaugrigneuses,

(1) Cinq assassinats successifs avaient été commis dans les environs de Chartres. Toujours les victimes avaient été frappées, la nuit, chez elles, sans que l'assassin laissât la moindre trace. On croyait à une bande organisée. La terreur était dans le pays, lorsque le crime de la Bazoche fit découvrir le coupable.

on pensait qu'à Digny et à Charbonnières, l'assassin devait être un habitant du pays, menuisier, charpentier, bûcheron, ou exerçant un métier analogue.

Le parquet de Nogent-le-Rotrou fit d'incroyables efforts pour arriver à découvrir l'auteur ou les auteurs de ces assassinats. Des battues avaient été dirigées par le juge d'instruction, M. Allaire, qui s'était mis à la tête de la gendarmerie, et avait fouillé le pays. Malheureusement, la nature de la contrée, entrecoupée de bois, de haies, de buissons, au milieu desquels se trouvent des maisons isolées, rend le crime facile et les recherches presque impossibles. Nous l'avons reconnu nous-même lors de nos voyages à cet endroit.

On commençait à perdre espoir de découvrir les assassins, quand, le 25 mai 1874, un nouveau crime fut commis au Tertre, commune de la Bazoche-Gouet.

Deux cultivateurs du pays, M. et madame Travers, s'étaient rendus, après déjeuner, à la fête de Charbonnières, laissant leurs deux enfants, un fils et une fille, pour garder la ferme. Ils revinrent vers quatre heures de l'après-midi, pour que leurs enfants pussent à leur tour aller faire une promenade à la fête. Mais, en rentrant, un horrible spectacle se présenta à eux. Leur fils et leur fille gisaient à terre dans une mare de sang. La dernière était morte, l'autre ne l'était pas encore, mais il était dans un état affreux. Un morceau de la tête avait été enlevé d'un coup de hache.

Le vol avait été le mobile de l'assassinat : une somme de cinq à six cents francs avait disparu.

Immédiatement, M. de Marolles, procureur de la République, et M. Allaire, juge d'instruction, se rendirent sur le lieu du crime et commencèrent une enquête. Cette enquête, qui dura plusieurs jours, amena la presque certitude que l'assassin était un nommé Poirier, scieur de long, habitant non loin de là.

Le 25 mai, en effet, lors du crime du Tertre, les époux Travers en quittant leur domicile n'avaient parlé *à personne* de leur absence. L'assassin avait donc dû les rencontrer sur la route qu'ils suivaient.

De plus, la connaissance de l'endroit où se trouvaient les clefs, et plusieurs petits détails, indiquaient que l'assassin était au courant des êtres de la ferme.

Il était donc du pays !

Or, Poirier demeurait au lieu dit la Bahine, sur la route que suivaient M. et madame Travers, et il avait souvent travaillé au Tertre.

Cependant, — chose incroyable, — il était le dernier sur lequel eussent tombé les soupçons des gens du pays!

Mais les magistrats se souvenaient d'un signalement vague peut-être, mais renfermant une indication précieuse, le signalement d'un borgne aperçu aux environs de Charbonnières, le jour du crime du Tournebride, et plus ils se faisaient dépeindre Poirier, plus ce signalement se rapportait à lui.

Une perquisition fut faite chez lui ; il était absent ce jour-là. Cette perquisition ne fit découvrir qu'un fusil et un pistolet chargés à balle, et rien autre chose de suspect. Mais il fut impossible à la femme Poirier de donner l'emploi du temps de son mari le jour du crime.

Un mandat d'arrêt fut délivré contre Poirier, et trois gendarmes furent apostés sur la route à l'entrée du village. Mais en arrivant le soir à Châteaudun, Poirier entra dans une auberge avec quelques amis et on parla de la descente de justice. Poirier s'indignait comme les autres contre les assassins dont il paraissait vivement désirer l'arrestation. Tout à coup deux gendarmes qui arrivaient au grand trot revenant d'une tournée d'information, s'arrêtèrent devant l'auberge. En apercevant leurs tricornes, Poirier se glissa vivement par une porte de derrière et disparut si promptement que ce ne fut qu'au bout d'un instant que ses camarades s'aperçurent qu'il n'était plus là.

Ils l'appelèrent. Les gendarmes comprirent ce qui venait de se passer et coururent à la recherche de l'assassin. Il était trop tard.

MM. de Marolles et Allaire organisèrent immédiatement une battue. Huit cents paysans des communes environnantes, armés de vieux fusils, de fourches, de faux, de bâtons ferrés, furent divisés en quatre compagnies, chacune sous la direction d'un gendarme de la brigade et l'expédition commença.

La petite armée fut partagée en deux corps, qui partirent en sens contraire, enfermant dans un immense cercle de 8 kilomètres la partie du pays où l'on supposait l'assassin réfugié. Quand les deux troupes se furent rejointes, on se mit à marcher vers le centre, en rétrécissant le cercle, fouillant chaque buisson, chaque pli de terrain.

Tout à coup Poirier bondit d'un taillis et veut

prendre la fuite. Vingt fourches ou fusils lui barrent le passage. Il rebrousse chemin et se sauve d'un autre côté, même scène. Partout la retraite lui est coupée.

Ici nous laissons la parole à un témoin oculaire, qui avait pris part à la chasse et qui nous l'a racontée sur le lieu même où l'assassin fut découvert, à l'Étang des Carrières, dans un des endroits des plus pittoresques de la forêt de Montmirail.

« Il était là dans ce fourré, dit le paysan, la tête hors des broussailles, l'oreille tendue, écoutant les pas des chasseurs qui se rapprochaient et espérant que, peut-être, ils passeraient sans le voir.

» Tout à coup, plusieurs des paysans apparaissent dans la clairière. Poirier fait un mouvement de retraite, mais pas assez vite : un homme de la Chapelle-Guillaume venait de l'apercevoir et un coup de fusil tiré en l'air l'annonçait à toute la chasse.

» Poirier bondit hors du buisson et on le perd de vue. Les chasseurs hâtent le pas. Bientôt il arrive à la lisière du bois et s'élance dans la plaine.

» Mais là il est en vue. Vingt coups de feu partent. Il croit qu'on tire sur lui, rebrousse chemin et cherche à regagner la forêt où du moins il pourra se tapir dans les broussailles, fuir derrière les arbres, essayer enfin !...

» Trop tard ! Les chasseurs qui les premiers l'avaient découvert, arrivaient pour lui barrer le passage.

» Il se jette alors dans les seigles, poursuivi par les cris des traqueurs, assourdi par les détonations qui crépitent de tous côtés. Il disparaît. Pendant un instant l'oscillation des hautes tiges indique son passage, puis on ne voit plus rien.

» Il n'avait pas quitté la pièce de seigle pourtant. Elle est fouillée sillon par sillon, et vous voyez, a dit le guide à notre reporter, qu'il en reste quelques traces. Mais, eût-on dû tout couper, on n'eût pas abandonné la poursuite. Enfin, là, dans cette *raie*, un jeune homme de la Bazoche-Gouet découvre l'assassin, étendu à plat-ventre, haletant et paraissant exténué de fatigue.

» — Rends-toi ! crie le jeune paysan en levant sa fourche de fer.

» L'assassin n'était pas à bout de forces, car il se dresse sur ses pieds et avant que l'autre eût pu le saisir, il est déjà reparti à fond de train.

» Le jeune homme s'élance aussi, le serrant de

près. C'est fantastique de les voir tous deux, traversant les champs, franchissant les haies, sautant les fossés pleins d'eau... les autres chasseurs courant derrière ont peine à les suivre.

» On arrive à un bas-fond, où se trouvent des prés marécageux, entourés de grands halliers. Poirier se précipite dans un de ces halliers, on l'y suit, — plus rien! Le brigand avait encore trouvé moyen de se cacher... Pendant qu'on franchissait les broussailles derrière lui, il s'était probablement jeté de côté, et peut-être avait-il rebroussé chemin... On demande aux rabatteurs qui venaient derrière. Ils n'avaient rien vu.

» On recommence une nouvelle perquisition, buisson par buisson, fourré par fourré; rien!

» On commençait à désespérer, lorsqu'à ce coin, — et le guide montrait du doigt à notre collaborateur un petit pré entouré de haies vives, — on s'aperçoit que l'herbe était foulée. Et personne n'y avait passé encore... Tout s'expliquait, Poirier avait suivi le fossé derrière la haie, et on avait perdu sa trace qui ne reparaissait que cinquante mètres plus loin. On suit la piste. On arrive à un épais fourré. Un des chasseurs s'y engage et marche presque sur Poirier, blotti dans la *palenne*.

» — Lâche-moi, dit Poirier au traqueur qui l'avait saisi. Lâche-moi, Jacques, je ne suis pas coupable, je te jure !

» L'autre tient bon. — Lâche-moi, crie encore Poirier d'une voix rauque, ou je te brûle la cervelle !

» — A moi ! crie Jacques.

» Les autres traqueurs accourent. D'un coup de reins, l'assassin se dégage, renverse son adversaire et reprend sa course.

» Mais pendant les recherches, pendant la lutte, tous les rabatteurs, attirés par les coups de fusil, s'étaient rapprochés. De tous les buissons, de tous les champs de seigle ou de blé, de tous les fossés, des hommes surgissaient devant le fuyard qui faisait en vain des crochets comme un renard forcé au gîte. Avec une vigueur puisée dans le désespoir, il franchit tous les obstacles qui s'opposent à sa fuite, on ne peut plus le suivre, les meilleurs coureurs se lassent...

» Mais le cercle se resserre...

» Reprenant alors le même système qui lui avait déjà réussi, Poirier se glisse le long de la haie qui borde une mare et disparait. Au même moment l'eau jaillit. Poirier s'est jeté dans la mare.

» On arrive, on cherche, on ne voit d'abord rien

et l'on commence à craindre qu'il ne se soit noyé. Mais bientôt on voit remuer un peu les herbes aquatiques et, au milieu de ces herbes, on distingue le visage de celui qu'on cherche.

» Un gendarme le saisit et le retire. Poirier feint d'être sans connaissance. On le croit mort ou évanoui et on se met en devoir de lui prodiguer des soins.

» Ce n'était qu'une nouvelle ruse. A peine couché à terre, et se sentant libre, il fait un vigoureux effort pour se relever et se sauver, mais vingt bras s'abattent sur lui. Il lutte un instant et finit par se soumettre. »

L'irritation de la foule était si grande que, sans les magistrats et les gendarmes, Poirier eût été *lynché* immédiatement. Il fut accompagné par tous les paysans en armes jusqu'à la Bazoche-Gouet.

Un détail caractéristique. Au moment où Poirier passait devant la porte des époux Travers, le chien de la maison qui s'était trouvé là, attaché malheureusement au moment du crime, se jeta sur lui pour le dévorer et le suivit en hurlant pendant plus d'une lieue.

Une fois à La Bazoche, Poirier, perdant l'énergie incroyable que lui avaient donnée l'exaltation et le désir de s'enfuir, Poirier, comprenant qu'il était perdu, fut en proie à des crises nerveuses d'une violence inouïe, et c'est dans les intervalles de ces crises que, sur l'interrogatoire des magistrats, il avoua le crime du Tertre.

C'était un spectacle horrible de voir le misérable, l'écume à la bouche, se tordant dans d'atroces convulsions, et parlant, d'une voix entrecoupée, de sa femme, de ses enfants, de la crainte de l'enfer...

— J'ai soif!... de l'eau... de l'eau... je brûle! râlait-il en se déchirant la poitrine avec ses ongles. — Oh! je brûle... c'est l'enfer, déjà l'enfer!...

Il fallut les plus grandes précautions pour le transférer à Nogent. Telle était l'animation des paysans contre lui, que les habitants des villages voisins avaient attendu son passage le long de la route pendant une journée entière.

C'était un individu de haute taille, front bas, yeux en dessous, joues caves, physionomie dure. Il était déjà très redouté dans le pays.

Dans sa prison, pendant plusieurs jours, il opposa le mutisme le plus complet aux interrogations des magistrats.

Après avoir été traqué comme une bête fauve

et arrêté dans la mare où il s'était jeté, Poirier avait dans le premier moment de désespoir avoué le double crime du Tertre. Bientôt, il essaya de revenir sur ses aveux, mais accablé par l'évidence, il les confirma et finit par se reconnaître coupable aussi du crime de Charbonnières.

Une fois sur une semblable voie, le parquet de Nogent ne voulut pas s'arrêter. M. de Marolles, procureur de la République, et M. le juge d'instruction, demandèrent les dossiers d'un certain nombre de crimes commis dans les arrondissements voisins et dont les auteurs étaient inconnus, et ils cherchèrent quelle pouvait être, dans chacun de ces crimes, la part prise par Poirier.

Inutile de dire qu'à chaque nouvelle affaire dont on lui parlait, Poirier protestait avec énergie de son innocence. Mais bientôt les renseignements arrivaient, les présomptions les plus graves étaient relevées, et il redevenait sombre, inquiet, hésitant, balbutiait des paroles sans suite, des demi-aveux qui s'échappaient de ses lèvres et que malgré tout son empire sur lui-même, malgré l'énergie qu'on lui connaît et dont il avait donné de si grandes preuves, il ne pouvait retenir.

C'est ainsi qu'après quinze jours d'essais infructueux on arriva à lui arracher l'aveu d'un nouvel assassinat. Voici lequel :

A la fin d'octobre 1871, une veuve Lecomte, fermière aux Conjautières, commune de Gault, arrondissement de Vendôme, avait procédé à la vente de son mobilier de ferme et avait touché une somme assez considérable qu'elle avait enfermée chez elle, en attendant qu'elle allât la porter à un notaire pour la placer.

Le 1er novembre suivant, on la trouvait baignée dans son sang ; à côté d'elle gisait sa vieille servante, la femme Briollet, avec laquelle elle demeurait seule. Les deux femmes étaient horriblement mutilées à coups de hache. La hache dont s'était servi l'assassin avait été prise sous un hangar de la ferme. Le vol était le mobile de l'assassinat. On avait brisé le bahut où se trouvait le prix de la vente des meubles, et cet argent avait été enlevé.

Le parquet de Vendôme informa vainement. Un frère de la veuve Lecomte, qui l'avait maltraitée quelques jours auparavant, fut poursuivi et arrêté ; mais il prouva son innocence et fut relaxé.

On renonçait presque à découvrir l'assassin, quand, à la suite du crime du Tertre, certaines coïncidences firent supposer que Poirier devait avoir trempé dans celui des Conjautières. Même coup, même façon d'opérer qu'au Tertre et à Charbonnières... On reprit l'instruction, l'emploi du temps de Poirier fut retrouvé heure par heure, et ne pouvant justifier son absence de chez lui le jour du crime, il se décida à avouer.

On le voit, le nombre des victimes de Poirier était déjà considérable : les deux femmes des Conjautières, la femme Bézard, au Tournebride, et les deux enfants Travers. Total CINQ. Il était temps que la justice intervînt.

Poirier l'a dit avec une naïve sauvagerie, « il avait eu le tort d'opérer trop près de chez lui ». C'est ce qui l'a fait prendre.

CHAPITRE VII

EXÉCUTION DE POIRIER

(29 septembre 1874)

Il était trois heures et demie du matin, quand nous arrivâmes à Chartres.

A l'endroit dit la porte Morard, la route surplombait une grande nappe d'eau dormante dont la surface, baignée en plein de la lumière de la lune, réfléchissait comme dans un immense miroir de platine de hauts peupliers mouvants, des maisonnettes d'opéra-comique, un moulin qui n'attendait que le jour pour recommencer son tic-tac, et, plus loin, le vieux pignon déchiqueté comme une dentelle d'une maison de l'an 1350. Dans le lointain s'étageaient, sur la colline vert-sombre piquetée de bouquets de bois, d'autres maisons de toute forme et de toute époque, entre lesquelles de petits clochetons découpaient leurs silhouettes çà et là. Un poète tant soit peu allemand eût certainement vu tourbillonner, à la cime des arbres ou au-dessus du cours d'eau mélancoliquement calme, la ronde des classiques willis.

Au premier plan, six charpentiers dressaient la guillotine sous la direction de M. Roch. On voyait aller et venir en tous sens leurs lanternes rouges, et la machine à couper les têtes s'élevait peu à peu, lentement, régulièrement, au milieu de cinq cents curieux environ. M. Roch paraissait déplorablement enrhumé et pressait les travailleurs d'une voix qui allait s'enrouant. Enfin, un peu avant quatre heures, tout était terminé à sa satisfaction, et l'on essayait le couperet qui ressemblait de loin à un triangle d'argent.

L'exécution de Poirier devait avoir lieu effectivement à cinq heures et demie du matin.

Pendant que M. Roch achève ses préparatifs, je me rends à la prison, dont je sais que les portes me seront ouvertes, grâce à l'obligeance de M. le substitut de Royer, l'un des plus aimables magistrats que j'aie jamais rencontrés.

C'est même la possibilité de voir de tout près le condamné pendant les derniers moments de sa vie, — ces moments où l'on vieillit d'une année par minute, — qui m'a décidé à venir. De pareilles occasions sont fort rares.

A quatre heures moins le quart, j'entre dans la maison d'arrêt qui, bâtie en pierres et briques, est de l'aspect le plus coquet extérieurement, et a plutôt l'air d'une maison de campagne que d'une prison. Dans la cour vont et viennent quatre dragons de service. Je pénètre dans le vestibule, d'où le gardien-chef me fait entrer pour quelques instants dans le cabinet du directeur. Quand le procureur de la République et les aumôniers viendront, je n'aurai qu'à me glisser avec eux pour tout voir...

Quatre heures dix : une voiture s'arrête. M. le substitut de Royer en descend; puis les deux aumôniers arrivent, MM. le chanoine Roussillon et l'abbé Durand, neveu de Monseigneur l'évêque de Chartres. Un piétinement de chevaux : c'est une brigade de gendarmerie qui fait halte à la porte; dix gendarmes entrent dans le grand corridor qui traverse la prison dans toute sa longueur au rez-de-chaussée.

Il est temps d'avertir le condamné.

Lentement, le cortège se met en marche vers

sa cellule, située au premier étage. Instinctivement, tout le monde a mis le chapeau à la main : on sent bien qu'on suit un convoi funèbre.

Voici la porte ouverte. Dans la cellule, mal éclairée par une lanterne fumeuse, Poirier sommeille sur le dos, la figure souriante. — C'est un homme de forte carrure, aux traits durs, aux petits yeux, au front déprimé, aux cheveux blonds coupés courts. Tout en lui respire la force : évidemment, s'il résiste, la lutte sera difficile.

— Poirier, lui dit le gardien-chef, M. Prim, en le secouant par l'épaule... Poirier !

Le condamné bat un instant des paupières, se met sur son séant, regarde d'un œil hagard toutes les personnes qui remplissent sa cellule et est secoué par un frémissement.

— Poirier, reprend M. Prim, votre pourvoi en cassation et votre recours en grâce sont rejetés. Il vous faut du courage... C'est pour aujourd'hui...

Poirier reste quelques secondes sans répondre, puis, d'une voix étrange, monotone, une voix qui n'a rien d'humain :

— C'est bien, dit-il... Pour moi, cela ne me fait rien, mais c'est pour ma pauvre femme et mes pauvres petits enfants !

En même temps, il s'assied sur son lit. Les

gardiens lui passent un pantalon de vieux velours blanchâtre à côtes et une cotte d'ouvrier.

— Poirier, lui demande alors M. de Royer, avez-vous des révélations à faire?... Au moment de paraître devant Dieu, déchargez bien votre conscience, et dites à la Justice si vous avez, oui ou non, trempé dans les assassinats de Limours.

— Non, répond Poirier d'une voix plus ferme...

Et il répète :

— Non, non !

Tout le monde sort pour le laisser avec les deux aumôniers, et l'on redescend dans le vestibule, où la toilette va avoir lieu. Un quart d'heure se passe, personne ne parle ; si l'on hasarde un mot, c'est à voix très basse. L'endroit est sinistre. Figurez-vous une haute pièce aux murs nus et humides, au sol pavé de dalles rougeâtres, aux portes basses et voûtées. Cela est éclairé par une lampe sans abat-jour, qui vous aveugle quand on la regarde, et par quatre bougies. Un rayon de lune glisse par une lucarne et vient danser sur un tabouret de bois.

C'est là-dessus que le condamné va s'asseoir.

Bruit de pas. Voici M. de Paris et ses aides. Ils sont en redingote noire ; M. Roch a un chapeau à haute forme ; les autres des chapeaux tyroliens.

Ils entrent dans le greffe, où l'exécuteur signe le *reçu* du condamné sur le livre d'écrou. M. Roch commence à trouver qu'on est long à lui « donner livraison » du patient, et qu'il est temps qu'il s'en « empare ». Il tourmente avec impatience l'énorme chaîne d'or qui traverse son gilet, soulignant son ventre. — Tout à coup, il fait un pas vers moi :

— Monsieur, me dit-il en portant la main à son chapeau, est-ce qu'il a les fers aux pieds ?

Je lui réponds que je n'en sais rien.

A cinq heures vingt, le condamné, qui a été conduit à la chapelle, en est sorti et demande à boire. On lui donne à deux reprises du thé au rhum, qu'il avale d'un trait, automatiquement ; puis on l'amène.

Au moment où il entre dans cette terrible chambre de la toilette, il baisse la tête et de lui-même, se dirige vers le tabouret où il s'assied. Le rayon de lune dans lequel il se trouve lui donne un teint blafard. L'exécuteur saisit la lampe sans abat-jour et s'approche de lui. Cette lumière crue lui blesse l'œil ; il relève la tête et fixe un instant, en clignotant, M. de Paris. Puis il retombe dans sa morne immobilité. L'exécuteur et ses aides tirent de leurs poches une demi-douzaine de paquets de cordes blanches, pendant que le gardien-chef enlève la camisole de force au condamné. Cette opération dure longtemps, longtemps, car les cadenas ne s'ouvrent que difficilement. C'est atroce ; ceux qui tiennent les lumières les laissent trembler dans leurs mains. Enfin la camisole est enlevée. Poirier est toujours immobile.

Le *ligottement* commence : on lui entrave les pieds dans une corde lâche, qui lui permettra de marcher, puis on lui ramène violemment les coudes en arrière, et on les attache l'un contre l'autre : cela le force à se redresser en bombant la poitrine, et à relever la tête. A ce moment, je suis à peine à un mètre de lui, et je peux suivre sur sa figure les terribles ravages que l'idée de la mort fait en lui. En deux minutes, je le vois qui vieillit de vingt ans. Quand le ligottement a commencé, il avait trente ans, il en a cinquante lorsque le bourreau prend ses ciseaux pour couper le col de sa chemise.

Trois coups donnés avec dextérité, et le col tombe, laissant à nu tout le haut du buste, couvert d'une sueur glacée. M. de Paris coupe une mèche de cheveux et la remet au prêtre : c'est pour la femme du condamné. En même temps, par erreur, il tranche le cordon d'une petite médaille de la Sainte-Vierge. Le prêtre la ramasse, et, sur un signe que le condamné lui fait avec ses yeux, la met avec les cheveux.

C'est fini.

Le confesseur s'approche de Poirier et l'embrasse :

— A genoux, mon fils, dit-il, et récitez votre *Pater*.

Poirier se met péniblement à genoux, et récite son *Pater* d'une voix larmoyante, à peine distincte. Pendant ce temps, l'exécuteur, qui avait gardé son chapeau sur sa tête, se découvre et s'appuie au mur d'un air légèrement ennuyé.

Le *Pater* fini :

— Mon fils, reprend le prêtre, demandez pardon à Dieu du mal que vous avez fait!

— Je demande pardon à Dieu de mes crimes! répond presque bas le condamné; puis, de lui-même, d'une voix devenue étrangement claire, il récite l'*Ave Maria*.

M. de Paris présente à l'aumônier sa montre, en tapant avec son doigt sur le verre pour lui montrer qu'il est tard.

— Du courage, mon fils, murmure le prêtre

qui relève Poirier. On se met en route : le condamné marche d'un pas ferme jusqu'à la voiture, — effrayant véhicule dans lequel la guillotine est venue de Paris, qui le conduira au supplice, et qui transportera ensuite son corps au cimetière.

Poirier monte, après les aides, les hautes marches qui mènent à cette voiture : les deux prêtres le suivent. La grande porte de la prison grince sur ses gonds, des gendarmes entourent le fourgon, et voilà le cortège qui s'ébranle, au pas, au tout petit pas. Je marche derrière.

Lentement, nous suivons la belle promenade, qui s'appelle le *Tour de ville*. Le jour vient de se lever, un jour radieux : les arbres secouent des gouttes de rosée sur les tricornes des gendarmes, dont les chevaux cherchent à brouter les feuilles.

De temps en temps un gazouillement d'oiseaux dans les arbres. Peu de monde sur notre passage. Nous allons toujours, toujours, au pas. J'écoute ce qui se passe dans la voiture : impossible d'entendre rien. Il est évident que le condamné s'entretient très bas avec le prêtre. Pourvu que, par les étroites fenêtres, il ne voie pas cette belle matinée qui n'aura pas de midi pour lui!

— Présentez armes!

J'entends ce commandement poussé d'une voix sonore, et je vois devant nous un carré de dragons dont les casques d'or reluisent au soleil levant. Dans le carré, la guillotine. La voiture entre, elle est entrée; je prends place à côté de la cuvette où va tomber la tête, — un peu à gauche, pour bien voir.

La porte du fourgon s'ouvre; un frémissement secoue la foule, — de deux mille personnes environ, — qui est venue là. Le condamné paraît.

Il a encore vieilli en route, mais il est toujours ferme.

Il descend de la voiture soutenu par deux aides, embrasse les deux prêtres et tombe à genoux.

Tout le monde se découvre, sauf les aides et l'exécuteur, qui recule d'un pas... Poirier récite le *Pater* et l'*Ave Maria*, baise le crucifix, puis:

— Pardonnez-moi, mon Dieu! gémit-il... vous qui êtes si innocent et moi qui suis un si grand coupable!

Le bourreau lui met la main sur l'épaule. Cela produit un claquement qu'on distingue de tous les coins du carré. Poirier se relève, les aides le saisissent comme une proie.

— Pitié! râle-t-il... Ayez pitié de moi!

Un coup sec, la partie supérieure de la lunette

s'abat ; puis, un autre coup plus fort. C'est fini, et déjà le premier aide jette dans le panier la tête grimaçante et hideuse. Il n'a presque pas coulé de sang.

Sur la place il s'est fait un silence terrifié, que trouble seul le tic-tac de ce moulin d'opéra-comique que j'avais vu pendant la nuit...

Assez de ces scènes d'horreur, n'est-ce pas? Aussi glisserai-je rapidement sur l'enterrement du supplicié, qu'on a jeté, sans bière, dans une fosse profonde et qu'on a recouvert de cailloux. Aux premières pelletées, ces cailloux rebondissaient sur les chairs flasques comme des balles élastiques...

Ma foi, je vous assure que, pendant tout le voyage de retour, nos pensées n'ont pas été d'une gaieté folle. Jusqu'à Versailles au moins, j'ai revu cette toilette funèbre, cette mécanique sinistre qui vous décapite un homme en une seconde, et surtout ce cimetière et cette tombe qu'on remplissait de pierres à fusil.

Ce sont là des spectacles qui vous reviennent à l'esprit, plus souvent qu'on ne voudrait...

CHAPITRE VIII

MOREAU ET BOUDAS

On n'a pas oublié l'affaire Moreau, l'affaire qui, pendant longtemps, porta le titre de *la belle Herboriste de Saint-Denis*. Moreau, qui tenait une boutique d'herboriste rue de Paris à Saint-Denis, perdit sa femme emportée par une étrange maladie : une fièvre lente, accès spasmodiques avec sensation de brûlure dans le gosier. Le médecin arrivait et la soignait, elle allait mieux ; le lendemain la maladie revenait plus intense. Cela dura jusqu'à la mort.

Moreau pleura beaucoup; puis il se maria avec une jeune femme, mademoiselle Lagneau, très jolie et possédant une certaine dot. Au bout de quelque temps la nouvelle madame Moreau tomba malade à son tour, et les symptômes de la maladie furent exactement les mêmes que pour celle qui l'avait précédée.

A la mort de cette seconde femme, la rumeur publique accusa Moreau. Les deux cadavres furent exhumés. L'autopsie faite par M. le docteur Bergeron, l'analyse chimique faite par M. le professeur Lhote révélèrent la présence d'un excès de cuivre dans l'estomac et les intestins des deux femmes.

Une controverse, qui dure encore, s'engagea sur les sels de cuivre, dont quelques praticiens soutinrent l'innocuité, tandis que d'autres, le docteur Bergeron en tête, affirmaient que ces sels étaient de violents toxiques. Le docteur Bergeron commit l'imprudence de dire en cour d'assises :

— Je jure que cet homme est coupable!

Mot qui lui a été, depuis, bien des fois reproché.

Malgré ses dénégations, Moreau fut condamné à mort. Jusqu'au bout, il soutint son innocence, et sa protestation suprême, en face de la guillotine, fit un tel effet, que bien des gens ont cru et croient encore à une erreur judiciaire.

Boudas était un charpentier des Batignolles qui avait assassiné un brocanteur nommé Faath pour lui voler des obligations, qu'il était allé liquider en Alsace. Arrêté à son retour à Paris, il fut exécuté le même jour que Moreau.

CHAPITRE IX

EXÉCUTION DE MOREAU ET DE BOUDAS

(13 octobre 1874)

Le jour où fut exécuté le célèbre empoisonneur Couty de la Pommerais, lorsque le condamné, sortant du greffe, mit le pied dans la cour de la Roquette, il regarda le ciel radieux où pâlissaient les étoiles, et murmura d'un ton mélancolique :

— Mourir par une si belle matinée !

La matinée était encore plus belle le 13 octobre pour la double exécution de Moreau et Boudas, et il n'est pas un de ceux qui attendaient au pied de la machine, à qui la réflexion du docteur guillotiné ne soit venue sur les lèvres.

Malgré ce temps magnifique, les curieux étaient

relativement peu nombreux aux alentours de la place de la Roquette, et les gardiens de la paix les maintenaient facilement. Les nuits précédentes, la foule avait été beaucoup plus grande, mais tout ce monde s'était lassé de venir pour rien. Très certainement il n'y avait pas plus de trois mille personnes.

Je ne vous décrirai pas cette foule : elle est toujours la même. Des ouvriers, des rôdeurs nocturnes, d'écœurants galopins dont plusieurs finiront certainement comme le condamné, des femmes et des jeunes gens qui viennent en sortant de souper et qui, malgré leur parti pris invétéré de pose, sentent quelque chose qui leur étreint la poitrine et qui sont pâles comme cette feuille de papier. De quatre à cinq heures, tout cela a encore le verbe haut, rit et fait des plaisanteries ignobles; à partir de cinq heures, cela se tait involontairement ou bien parle tout bas, comme dans la chambre d'un mourant.

Nous étions environ une cinquantaine autour de la guillotine, en dedans du cercle des municipaux à cheval. Beaucoup de journalistes naturellement.

Devant l'instrument de supplice, l'exécuteur des hautes-œuvres allait et venait, donnant ses derniers ordres d'une voix brève, où perçait une espèce d'émotion. Le moment arrivait. A cinq heures dix :

— Il est temps, a-t-il dit.

Et suivi de ses cinq aides, il a pénétré dans la prison. C'était l'heure où l'on éveillait les condamnés. Voici comment cela s'est passé :

Lorsque le directeur de la prison, le substitut du procureur de la République et M. Souveras, de la police de sûreté, ont pénétré dans la cellule de Moreau, celui-ci dormait profondément sur le côté. M. Souveras l'a touché à l'épaule ; il s'est éveillé aussitôt et a regardé froidement tout le monde :

— Je comprends, a-t-il dit ensuite, et je vais m'habiller.

Puis il s'est mis sur son séant sans manifester la moindre émotion et a demandé ses vêtements.

Après lui avoir retiré la camisole de force, on lui a donné le pantalon noir qu'il portait à la Cour d'assises et ses bottines en chevreau.

— Mes chaussettes, je vous prie, a-t-il dit.

— Ce n'est pas la peine, a répondu M. Souveras, il ne fait pas froid.

— Pardon, donnez-les moi tout de même, a insisté le condamné.

5.

On a fait ce qu'il demandait, et il s'est habillé tranquillement, en ayant soin de mettre bien au point la boucle de son pantalon. Pendant tout ce temps, il n'a pas donné un signe de faiblesse, pas dit un mot.

Son pantalon mis, il a prié qu'on lui jetât sa redingote sur les épaules; tout le monde s'est alors retiré, et il est resté seul avec son confesseur. Au bout de cinq minutes, on est venu le chercher pour le conduire à la salle de la toilette.

Comme on voulait le soutenir :

— C'est inutile, a-t-il dit vivement, je marcherai bien tout seul !

On l'a néanmoins pris par dessous les bras, et on l'a emmené. Pendant qu'on lui liait les bras et les jambes, il est resté silencieux, regardant d'un air indifférent les exécuteurs, ou écoutant M. l'abbé Legros, vicaire de l'église de Belleville, qui l'assistait à ses derniers moments.

La toilette terminée, il s'est levé, a demandé à embrasser son gardien et a dit :

— Marchons, vous verrez que je ne faiblirai pas.

— Avez-vous quelque chose à dire? lui a demandé M. Souveras.

— Non... rien !

Pendant ce temps, M. Claude, chef de la police de sûreté, pénétrait dans la cellule de Boudas, qui est contiguë à celle de Moreau. Boudas était éveillé, et causait avec ses gardiens, nerveusement et très haut.

— Ah! ah!... C'est pour aujourd'hui, a-t-il dit d'une voix saccadée... Eh bien, la Justice va se rendre coupable d'un grand crime à mon endroit... On me mène à l'abattoir... Ça ne fait rien, je n'ai pas peur, mais je suis un voleur et non un assassin!

Et, pendant qu'on lui retirait la camisole de force et qu'on l'habillait d'un pantalon sombre et de gros souliers ferrés, il continuait à murmurer :

— Je suis innocent, innocent, innocent...

Tandis qu'il répétait « innocent, innocent », presque sans paraître savoir ce qu'il disait, ses yeux devenaient vitreux et sa figure se contractait en un rictus fixe et effrayant, qui lui donnait l'air d'un sourire. — Darwin a décrit ce rictus causé par la contraction des muscles peauciers de la face, dont le principal est le muscle risorius de Santorini, lequel attirait en arrière et en haut l'orbiculaire des lèvres.

De là cette terrible illusion du sourire...

En *souriant*, Boudas continuait à répéter : « Innocent... innocent ! »

Pendant la toilette, au cours de laquelle il n'a fait d'ailleurs aucune espèce de résistance, il a plusieurs fois interpellé l'exécuteur pour lui dire qu'il était l'instrument d'un crime judiciaire. On voyait qu'il faisait un pénible effort pour parler.

Comme six heures moins un quart sonnaient, la porte de la prison s'est ouverte toute grande, et Moreau, précédant presque les aides qui avaient peine à le suivre, s'est avancé très rapidement jusqu'à trois pas de la guillotine. Là, il s'est arrêté et, pendant deux secondes, il a regardé le couteau, la tête haute et rejetée en arrière, sans qu'un muscle se crispât sur sa figure. A ce moment, il ressemblait d'une façon inouïe à une gravure très connue et qui représente l'un des quatre sergents de la Rochelle marchant à l'échafaud.

Au bout de deux secondes, se tournant de notre côté :

— Messieurs, a-t-il dit d'une voix ferme et claire, mais nullement déclamatoire, je meurs innocent !

Puis, après avoir embrassé d'un air assez indifférent l'abbé Legros, il est allé lui-même s'appliquer contre la planche à bascule. Moins de trois secondes après, le couteau est tombé, et un formidable jet de sang a rougi le pavé, tandis qu'une émotion horriblement énervante saisissait indistinctement tous ceux qui entouraient l'instrument du supplice.

Plusieurs personnes qui, se défiant de leurs nerfs, avaient apporté des flacons de sels, ont dû les déboucher à ce moment, et une forte odeur d'éther s'est répandue.

C'était maintenant le tour de Boudas. On savait qu'il allait venir dans trois minutes, et tout le monde attendait anxieux et le cœur battant vite; les aides épongeaient précipitamment la guillotine et remontaient le couteau.

A six heures moins six, la porte s'est ouverte de nouveau, et Boudas est apparu, marchant d'un pas ferme, et ayant toujours aux lèvres son terrible sourire.

Il était coiffé d'un chapeau mou, qu'un des aides a fait tomber à un pas de la guillotine.

— Embrassez-moi, mon fils! a dit l'abbé Crozes.

Toute la figure de Boudas s'est alors, pour ainsi dire, disloquée en grimaçant, tandis que ses yeux roulaient. On voyait qu'il faisait un violent effort pour remuer les lèvres malgré la contraction qui les immobilisait. Il y a enfin réussi et a embrassé le vénérable aumônier si fort que le baiser a été entendu sur toute la place.

Alors l'exécuteur, saluant l'abbé Crozes pour l'inviter à se retirer, a saisi le condamné et l'a appliqué sur la bascule. Une horrible scène s'est passée à ce moment.

On sait que, pour empêcher le patient de remuer la tête, on lui emboîte le cou dans une pièce nommée la lunette. Or, les aides en *enfournant* Boudas, — c'est l'horrible terme qu'ils emploient, — l'ont poussé trop fort, si bien que les épaules se sont trouvées engagées.

— Mais retirez-le donc en arrière! s'est écrié l'exécuteur.

Les aides ont tiré le patient par les pieds, mais trop fort encore, car le menton est venu se heurter à la lunette.

M. Roch a alors fait lui-même glisser le corps du condamné de quelques centimètres en avant, et a laissé tomber le couteau. Boudas n'avait pas bougé pendant cette effroyable *installation*. Il a pu, chose terrible, voir parfaitement la tête de Moreau dans la cuvette de tôle!

Aussitôt l'exécution terminée, les deux têtes ont été jetées dans le panier qui contenait déjà les corps : la tête de Boudas souriait toujours, avec ses yeux vitreux grands ouverts, et les narines battaient convulsivement.

Puis le panier a été chargé dans la voiture de l'exécuteur, l'abbé Crozes est monté dans le fiacre n° 148, qui s'est placé derrière le fourgon ; des gendarmes ont pris la tête et la queue du cortège, et l'on est parti au grand trot pour le cimetière des suppliciés, — le cimetière d'Ivry.

Ici se place un incident qui a causé une grande impression : le cheval d'un des gendarmes effrayé par un seau, s'est jeté contre la guillotine et s'est défendu pendant quelques secondes, éclaboussant de sang les bottes de son cavalier.

Voulant tout voir, jusqu'au bout, j'ai suivi.

Sur le passage de la sinistre voiture, j'ai aperçu plusieurs femmes se signer. L'une d'elles s'est même agenouillée.

Les gendarmes et les deux voitures ont pénétré dans le cimetière, dont les portes ont été aussitôt fermées. Il y avait juste quarante-cinq minutes qu'on était parti de la place de la Roquette.

Jamais je n'ai rien vu d'aussi sinistre que le coin du cimetière, à peu près réservé aux cadavres provenant de Clamart ou de la place de la Roquette. Les herbes et les broussailles ont envahi le terrain pierreux, zébré de longues tranchées qui attendent les tristes restes des disséqués ou des décapités. Pas une couronne, pas une fleur, si ce n'est à l'endroit où a été enterré Troppmann, et où s'épanouissait une petite touffe de fleurs bleues.

Les deux premiers adjoints de l'exécuteur, qui accompagnaient les corps, ont retiré du fourgon le panier qui les contenait. On a *vérifié* les têtes que l'on a réunies chacune à son tronc, puis le tout a été jeté dans deux fosses, où les fossoyeurs ont donné aux cadavres une position régulière. Pendant ce temps, agenouillé sur un petit monticule, l'abbé Crozes récitait les prières des morts.

Les corps ayant été réclamés par les familles ont été exhumés le lendemain.

Une chose ignoble pour terminer :

Rue de la Roquette, aussitôt après l'exécution, toutes les marchandes de journaux se sont mises à vendre une *Complainte de Moreau*, passablement stupide, entre parenthèses. Pour qui venait de voir mourir cet homme, rien n'était plus écœurant.

CHAPITRE X

BACQUET

(31 mars 1875.)

Le pourvoi de Bacquet avait été rejeté, son recours en grâce repoussé, il n'y avait plus qu'à procéder à l'exécution. Mais la semaine sainte était arrivée, et, comme M. de Paris ne travaille jamais pendant la semaine sainte, Bacquet attendit. Il attendit si bien qu'il finit par croire que sa grâce était certaine, et qu'il se mit à faire des projets d'avenir, à rêver de bagne et de Cayenne, comme vous ou moi rêverions de châteaux en Espagne.

Mais le 30 mars au soir, quatre heures, M. le

procureur général a décidé que l'exécution de l'assassin de la rue Hauteville (1) aurait lieu le lendemain au soleil levant.

Le lendemain donc, à trois heures et demie, j'arrivais place de la Roquette. Presque personne aux alentours, si ce n'est les gardiens de la paix de service et les gardes municipaux, immobiles sur leurs chevaux, dans leurs grands manteaux bleu-sombre, et gardant les abords du lieu du supplice.

Personne ne s'attendait à cette exécution : il y avait à peine cinq ou six curieux à cette heure matinale, tandis que les charpentiers de M. de Paris dressaient la guillotine sur les quatre pierres légendaires. Tout était fini à cinq heures : la machine n'était pas très bien d'aplomb sur le sol et remuait un peu quand on touchait les montants, mais l'exécuteur des hautes-œuvres, ayant judicieusement observé qu'on n'aurait qu'à la consolider avec la main pendant le « travail », on ne s'occupa pas davantage de ce léger inconvénient.

Cependant le jour se levait tout à fait : pas un

(1) On se souvient que le 20 décembre 1874 Bacquet avait assassiné, rue Hauteville, un commissionnaire en marchandises, M. Roscher.

nuage au ciel. — On allait avoir beau temps pour
« la besogne », comme disait M. Roch.

Cinq heures et demie. — L'exécuteur, qui depuis un quart d'heure cause avec ses aides, tire
sa montre et dit qu'il est temps d'entrer. Un des
adjoints, au préalable, hisse le couperet, le laisse
retomber pour l'essayer, constate que la machine
fonctionne supérieurement, et remonte ce qu'on
appelle le « glaive de la loi ».

Puis la sinistre compagnie s'enfonce sous la
grande porte cochère ; je remarque à ce moment
que la bascule qu'ils viennent de faire jouer est
une bascule neuve. C'est une planche en bois
blanc, dont la couleur claire tranche avec le noir
des montants de la guillotine, le noir du panier,
le noir du couperet. Bacquet en aura l'étrenne.

Pendant ce temps le directeur de la Roquette,
M. Claude, chef de la police de sûreté, M. Baron,
commissaire de police du quartier, M. Villemez,
greffier du parquet, pénètrent dans la cellule du
condamné à mort.

Étendu sur le dos, Bacquet dormait profondément. Le directeur le touche à l'épaule, Bacquet
répond par un grognement. On le secoue péniblement ; il s'éveille en bâillant.

— Bacquet ! dit M. Claude.

Le condamné à mort, en voyant tout ce monde de ses yeux alourdis, est secoué par un tressaillement, et se dresse sur son séant, tout à fait réveillé, les dents serrées, l'œil un peu hagard.

— Bacquet, reprend le directeur, il faut vous armer de courage.

— Votre pourvoi et votre recours en grâce sont rejetés, ajoute M. Claude. Levez-vous, c'est pour ce matin.

— Je me lève, répond Bacquet d'une voix faible.

Et, avec une énergie qu'on ne lui eût pas soupçonnée, il se lève, passe son pantalon, chausse ses souliers, et met une vareuse de laine brune en remarquant qu'il doit faire froid.

Puis, prenant sur la table sa pipe toute bourrée, il saisit un morceau de papier, le tortille, l'enflamme au quinquet, et allume.

— Je suis prêt, dit-il alors.

On le laisse seul avec l'abbé Crozes, le vénérable aumônier de la Roquette. Ils s'entretiennent quatre ou cinq minutes ensemble. — Il paraît que Bacquet lui a renouvelé les aveux qu'il avait déjà faits depuis son transfèrement à la Roquette.

Puis les gardiens le conduisent à l'avant-greffe, où l'attendent l'exécuteur et ses aides. En apercevant le bourreau, Bacquet s'arrête, et l'enveloppe d'un regard profond, désespéré d'abord, puis qui devient morne et s'éteint.

On le fait asseoir sur la sellette, et M. Roch lui coupe quelques mèches de cheveux qui, suivant l'horrible expression usitée parmi les aides, *dépassent l'alignement*. Ce sont ceux que le couperet pourrait rencontrer dans sa chute.

Ensuite on procède au *ligottement* :

— Oh! ce n'est pas la peine, interrompt le condamné... Je resterai aussi tranquille que maintenant.

— C'est la règle, il le faut, riposte avec douceur l'exécuteur des hautes-œuvres.

Bacquet se laisse lier les pieds sans insister davantage. Au moment où, suivant l'usage, on lui ramène les bras derrière le dos :

— Ne me serrez donc pas si fort, dit-il. Je sais bien que ce n'est pas pour longtemps, mais ce n'est pas la peine de me faire du mal.

Deux coups de ciseaux, et voici le col de la chemise échancré « à l'ordonnance ». On remet à Bacquet sa vareuse brune sans les manches, et l'on se met en marche.

— Je voudrais dire quelques mots encore à M. l'aumônier, demande le condamné.

On le fait entrer dans une cellule avec M. l'abbé Crozes : rien n'a transpiré de cette suprême conversation qui a duré environ trois minutes. Bacquet en outre avait adressé à M. le directeur quelques mots qui ne sont pas de nature à être livrés à la publicité.

Pendant ce temps, quelques personnes, au nombre de deux cents au maximum, étaient arrivées place de la Roquette et aux alentours, et les sergents de ville faisaient former la haie.

A six heures moins sept minutes, on entend du bruit derrière la grande porte cochère de la Roquette, puis la porte s'ouvre.

Un des aides sort le premier, coiffé d'un chapeau tyrolien légèrement incliné sur le côté de la tête. Puis vient M. Roch, qui joue avec sa chaîne de montre. Enfin, donnant le bras à M. l'abbé Crozes, qui tient un bréviaire, et suivi des quatre autres aides, le condamné.

Il s'avance d'un pas pressé. Nous le dévisageons bien en face à ce moment. C'est un homme de trente-sept à trente-huit ans, blond fade, de petite taille, aux traits violemment découpés, et qui rappelle vaguement la figure du célèbre Pipe-en-Bois.

A trois pas de la machine, il s'arrête, fixe un instant le couperet, se laisse embrasser par l'abbé Crozes, puis, d'un pas lent, sans être soutenu, s'avance jusqu'à la bascule, et s'applique contre elle. La planche neuve opère son mouvement semi-circulaire. Cric! c'est la partie supérieure de la lunette qui s'abaisse. M. de Paris lance un coup d'œil à l'un de ses aides, pour lui recommander de consolider de la main la machine, — un peu branlante, ainsi que je l'ai dit, — puis pousse le levier, et le couperet s'abat avec son bruit sourd qui vous retentit dans le cœur.

Un énorme jet de sang jaillit en avant, et, pendant qu'un des aides pousse le corps dans le panier, j'entends la tête qui rebondit dans la cuve en tôle, à cinq ou six reprises, avec un *toc-toc* sinistre contre les parois.

C'est fini.

On charge le corps dans la voiture de l'exécuteur. M. l'abbé Crozes monte dans le fiacre n° 148 qui a été requis, et le cortège, gendarmes en tête et en queue, prend au grand trot la route du Champ-des-Navets.

Une demi-heure après, la machine était déjà

presque complètement démontée, et les aides, de leurs doigts pleins de sang dévissaient les derniers boulons.

Nous étions là beaucoup de journalistes, et j'ose dire qu'il n'en est pas un qui ne soit parti très violemment impressionné, plus violemment impressionné qu'aux exécutions précédentes, notamment au double supplice de Moreau et Boudas.

Cette exécution d'un criminel ignoré, dont les journaux se sont relativement moins occupés que des autres, en présence de ce petit nombre de personnes, sans apparat, sans bruit, sans aucun détail marquant, avait je ne sais quoi de particulièrement lugubre dans sa banalité même, et je répète que tous mes confrères ont, à coup sûr, senti cela comme moi.

CHAPITRE XI

GERVAIS, L'ASSASSIN DE BOIS-COLOMBES

C'était un crime banal que celui de Gervais : il vivait au Moulin-Joli, près de Colombes, avec une femme d'un certain âge, Alsacienne, marchande de paniers d'osier et de bibelots, qu'elle vendait dans les campagnes. Il lui connaissait quelques économies. Il se dit qu'avec ces économies, il pourrait en épouser une plus jeune.

Pour cela il fallait se débarrasser de la vieille...

Que fit Gervais? il creusa un trou dans sa cave. Puis, un beau jour, il chercha une querelle à sa maîtresse, l'étrangla et l'enterra dans la fosse qu'il avait préparée.

A ceux qui s'étonnèrent le lendemain de ne pas voir la veuve Bonnerue, il dit qu'elle était allée faire une tournée de quelques mois et qu'elle reviendrait au printemps.

Ceci se passait le 4 novembre 1875.

Quelques jours plus tard Gervais, plein de galanterie, offrait en cadeaux de fiançailles à mademoiselle Jacquin, sa future, la montre, la bague et la robe de la morte!

Il se maria et tout paraissait devoir aller pour le mieux, lorsqu'à un voisin qui demandait ce qu'était devenu Jacquot, le perroquet de madame Bonnerue, la nouvelle mariée répondit étourdiment qu'on l'avait vendu cinquante francs.

Or, Gervais avait dit qu'elle l'avait emporté.

Cela, joint aux dépenses relativement exagérées que fit Gervais, donna des soupçons aux voisins qui accusèrent l'habitant du Moulin-Joli, d'avoir assassiné sa maîtresse.

On le dénonça à M. Monentheuil, commissaire de police de Courbevoie, qui l'interrogea. Après de longues explications embarrassées, Gervais finit par avouer que la veuve Bonnerue étant tombée dans la cave, s'était tuée et qu'ayant peur d'être inquiété, il l'avait enterrée.

Il désigna lui-même l'endroit et le cadavre fut déterré.

On ne constata aucune blessure. Mais en revanche une circonstance étrange vint égarer la justice. On trouva chez Gervais une grande quantité de renonculacées, des plus vénéneuses, et un livre de toxicologie, corné à la page qui traitait des poisons végétaux.

On pensa donc que la veuve Bonnerue avait été empoisonnée. Mais l'autopsie et l'analyse chimique des intestins ne fit rien découvrir.

— Vous voyez bien, dit Gervais, que j'avais raison.

Le juge d'instruction allait le mettre en liberté lorsque M. Macé, aujourd'hui chef de la sûreté, alors commissaire aux délégations judiciaires, demanda quelques jours encore pour faire une tentative.

Cette tentative restera comme une des choses les plus curieuses des annales judiciaires.

Gervais disait que, voyant la femme morte, il avait creusé une fosse pour mettre le cadavre.

M. Macé entreprit de lui prouver que la fosse avait été creusée bien à l'avance, et que, par conséquent, il y avait eu, non seulement crime mais encore préméditation.

Voici sur quoi il se basa :

M. Macé avait remarqué qu'au-dessus de la fosse où avait été enterrée la victime, une poutre était légèrement brûlée. Or, sur cette poutre, aux environs de la partie atteinte par le feu, étaient des coccinelles, ou Bêtes à bon Dieu, et ces insectes n'étaient pas morts après la ponte, comme cela arrive d'ordinaire, ils avaient été tués par la même lumière qui avait calciné la poutre. La preuve c'est qu'ils contenaient encore leurs œufs.

Par conséquent cette poutre avait été brûlée bien avant le mois de novembre, époque où la coccinelle est à l'état de larve ou même de nymphe. Donc, cette poutre ayant été brûlée par la chandelle qui avait servi à éclairer Gervais pendant qu'il creusait la fosse, il était évident que la fosse avait été creusée avant la mort de la veuve Bonnerue.

Donc, comme nous le disions tout à l'heure, il y avait eu préméditation.

Le jour où M. Macé, à force de patience et de recherches entomologiques, put fixer à Gervais le moment approximatif où la fosse avait été creusée, Gervais fut terrifié et avoua tout.

L'assassin de la veuve Bonnerue passa en Cour d'assises le 12 juillet 1876. Il fut condamné à mort.

— Merci, mes bons messieurs, dit-il quand on lui fit connaître la sentence.

CHAPITRE XII

EXÉCUTION DE GERVAIS

(12 août 1876.)

Pour nous autres, reporters, obligés par notre profession de tout voir, de tout supporter sans faiblir, la sensibilité s'émousse à la longue. Mais le jour de l'exécution de Gervais, un de mes amis m'avait demandé de le mener place de la Roquette. Il voulait assister une fois à ce lugubre spectacle dont on lui parlait depuis longtemps, et se fiant à mon expérience de ces sortes de choses, il m'avait prié de lui servir de cicerone.

Ce sont donc ses impressions et non les miennes que je vais retracer sans phrases.

Si j'avais écouté mon compagnon de voyage,

nous serions partis pour la Roquette, dès minuit. A cette heure en effet déjà, des bandes de curieux se dirigeaient vers le lieu de l'exécution. Qui leur avait dit qu'elle avait lieu? A deux heures et demie de l'après-midi, le Président de la République avait signé l'ordre d'exécution. A deux heures trente-cinq, un télégramme avait averti le procureur général. Les sept réquisitoires : au préfet de police pour le service d'ordre, au commandant de gendarmerie pour le peloton d'escorte, au charpentier chargé de dresser la guillotine, au directeur de la prison, au greffier de la Cour, à l'aumônier et enfin à l'exécuteur, avaient été envoyés officiellement, c'est-à-dire en secret. M. Jacob n'avait reçu son ordre qu'à sept heures, et M. Roch à huit. A peine quelques journalistes étaient-ils informés. Eh ! bien, malgré cela le public, aux aguets, se portait vers la Roquette.

J'expliquai à mon ami l'inutilité de nous déranger si tôt. A deux heures du matin, en effet, des escouades de gardiens de la paix viennent faire évacuer la place et refoulent les curieux dans les rues Gerbier, de la Vacquerie et de la Roquette, ne laissant aux abords de la prison que les personnes autorisées. Ce n'est donc qu'à ce moment qu'il faut se présenter.

A deux heures et quart nous arrivons. La foule, tenue en respect par les gardiens de la paix, formait un épais cordon à l'entrée de la place. Des femmes, des enfants se poussaient pour être au premier rang. On causait, on riait, on plaisantait comme à un spectacle comique... Une chose nous étonne, c'est de ne pas entendre l'inévitable *cri-cri*, si à la mode, cette année-là.

Nous perçons la foule et un gardien de la paix, auquel nous montrons nos cartes, nous conduit jusqu'à l'entrée de la prison, où sont déjà deux fourgons, d'où des hommes en blouse sortent des pièces de bois peintes en brun.

C'est l'instrument du supplice qu'on va dresser.

Le nouvel échafaud, celui que M. Roch appelle familièrement « le bijou » est très simple et se monte avec la plus grande facilité. Toutes les pièces sont numérotées et se rejoignent à l'aide de boulons; on évite ainsi ces terribles et légendaires coups de marteau, qui, jadis, retentissaient si douloureusement et avertissaient le condamné.

Nous voyons placer les deux traverses horizontales qui servent d'appui à la machine, et sur lesquelles vont se planter les ais verticaux entre lesquels glisse le couteau. Un homme de haute taille, à favoris grisonnants, surveille le travail avec attention. Il place lui-même un petit morceau de planchette pour caler la traverse sur le pavé inégal.

— Quel est ce monsieur? me demande mon ami.

— M. Roch, l'exécuteur des hautes-œuvres.

C'est M. Roch en effet. Il a à la bouche un cigare qu'il mâchonne en examinant avec le plus grand soin les ais qu'on dresse, le couteau qu'on accroche avec une échelle, le panier d'osier plein de son qu'il fait placer méthodiquement à côté de la bascule; il s'assure que les seaux d'eau destinés au lavage après l'opération sont bien remplis.

Enfin tout est en place. M. Roch, au moyen de la corde à poulie, relève le couteau pour le faire glisser dans la rainure...

Il fronce le sourcil. Quelque chose ne va pas bien. La chaleur a fait gondoler le bois et l'écartement des biais n'est pas égal; un aide va chercher un bout de planche, prend ses mesures, le scie et le place entre les deux montants, au-dessus de la lunette. M. Roch remonte le couteau, le laisse tomber à demi, fait jouer les ressorts et fait un mouvement de satisfaction. Tout va bien.

Je regarde mon compagnon. Il est très pâle,

mais ferme. Il n'a pas perdu un seul des mouvements de l'exécuteur.

— Pourrait-on lui parler? me dit-il.
— Comment donc? c'est facile.

Justement plusieurs de nos confrères sont arrivés et l'un d'entre eux va donner une poignée de main à M. Roch auquel il demande s'il croit que Gervais résistera.

— Je n'en sais rien... mais j'en doute. Vous savez bien qu'ils sont à demi morts. Jamais un d'eux ne m'a « fait de difficultés ».

— Et croyez-vous qu'il parle à la foule? demandâmes-nous.

M. Roch eut un mouvement d'épaules.

— Oh! parler!... s'écria-t-il; parbleu! ils parleraient tous, si on leur laissait le temps!

Nous voulons nous renseigner sur ce que fait Gervais en ce moment, et nous nous joignons à un groupe qui s'informe auprès de M. Jacob, le chef de la sûreté.

Gervais est endormi. Il est persuadé qu'un délai de quarante jours doit forcément s'écouler entre le pourvoi en cassation et la suprême décision; comme il sait qu'il n'y en a que trente-deux d'écoulés, il est tranquille. La veille au soir, il a soupé de bon appétit, et a fait une partie avec son gardien. Cette partie il l'a gagnée et il s'est endormi en disant : « A demain ! »

— Pauvre homme! disent plusieurs des assistants qui oublient le crime pour ne plus voir que la mort qui attend le criminel.

Quatre heures cinq. — Un grand mouvement se produit. C'est la garde de Paris à pied et à cheval qui arrive. M. l'officier de paix Cransac, commandant le XI° arrondissement, assigne à chaque piquet le poste qu'il doit occuper. Pendant ce temps, les officiers de paix des brigades centrales placent leurs hommes. Une voiture, le fiacre numéro 148, amène l'abbé Crozes, l'aumônier de la Roquette, et va se ranger le long du mur de la prison. M. Jacob, M. le commissaire de police Baron, M. Roch entrent dans le préau où les a précédés le greffier de la Cour d'appel.

Tous les visages sont horriblement pâles. Instinctivement on se tait. Seuls, les plus émus, essayent — pour s'étourdir — de causer à leurs voisins, mais la voix s'éteint dans la gorge sèche et n'arrive que sourde, étranglée.

Par un triste contraste, de l'entrée de la place, un éclat de rire s'élève. Ce sont deux femmes, qui — après souper — sont venues voir exécuter Gervais, et qui ont failli tomber de la voiture sur laquelle elle ont grimpé pour mieux voir.

Puis la foule s'entr'ouvre. Un peloton de gendarmes à cheval, l'escorte funèbre, — entre, sévère, superbe, et vient se placer en cercle autour de l'échafaud, tandis que les gardes de Paris, qui ont mis pied à terre, se tiennent derrière eux, à la tête de leurs chevaux.

Quatre heures dix. — M. Jacob entre dans la cellule avec M. l'abbé Crozes, M. Bauquesne, directeur de la prison, M. Baron et deux gardiens.

Gervais dort. Un gardien lui frappe sur l'épaule. Il ouvre les yeux, regarde d'un air abruti et fait mine de se rendormir.

— Gervais, dit M. Jacob, votre pourvoi est rejeté, ainsi que votre recours en grâce. Du courage, le moment est venu !

Mais le malheureux ne semble pas comprendre. Il reste hébété sur son lit, livide, les yeux hagards.

— C'est impossible, balbutie-t-il, vous voulez me faire peur !...

Des gardiens le débarrassent de la camisole de force et l'aident à se lever et à s'habiller.

— Oh ! c'est impossible, répète-t-il d'une voix rauque. C'est un crime que va commettre la société.

L'abbé Crozes l'embrasse et le calme. Le greffier lit l'arrêt. Sur l'offre de l'aumônier, il boit un verre d'eau-de-vie. Puis il s'entretient avec le prêtre, dont, pour la première fois, il écoute paisiblement les paroles de paix.

La toilette commence ensuite. Tandis qu'on le *ligotte*, le condamné prie l'abbé Crozes de remettre à ses enfants sa montre et sept francs cinquante centimes qui sont dans son gilet. Il semble assez calme. Ce n'est qu'au moment où on coupe le col de sa chemise, que, tressaillant au froid de l'acier, il murmure encore :

— Je suis innocent... c'est un assassinat...

Sur la place tous les yeux sont tournés vers la porte de la prison. On compte les minutes, les secondes. Les cœurs battent horriblement. On est venu pour voir mourir cet homme et on se surprend à désirer qu'il vive. On pense, malgré soi, à ces exécutions d'autrefois où, au dernier moment, un messager accourait, un pli à la main, apporter la grâce...

Justement un officier de paix en tenue se fait jour à travers les curieux et arrive jusqu'au pied de la guillotine. Son uniforme est couvert de poussière. Il marche rapidement. Les regards se tournent vers lui... mais ce n'est point le messager traditionnel ; c'est M. Brisoux, du XIIe arrondissement, qui vient de diriger sa brigade dans un incendie à Charonne, et qui veut rendre compte du sinistre à M. Ansart, chef de la police municipale qu'il sait être là.

La porte s'ouvre. Tout le monde se découvre. On n'est plus pâle, on est livide. Quelques personnes s'appuient contre les armatures de fer des petits arbres. Mon ami est du nombre.

— Tirez votre montre, lui dis-je.

Elle marque cinq heures moins vingt-deux. Le condamné paraît, précédé par M. Roch, soutenu par deux aides, et accompagné par l'abbé Crozes. Il marche d'un pas ferme, le visage tourné vers la gauche ; ses yeux convulsés cherchent le couperet fatal et se détournent instinctivement. L'abbé Crozes l'embrasse. M. Roch lui applique sur l'épaule sa large main...

— Non, non, pas si vite... râle-t-il...

La bascule joue. Mais, malgré la planchette ajoutée pour maintenir les ais, la lunette ne saisit pas le cou aussi étroitement que d'habitude. Il suffit du quart de seconde qui s'écoule entre ce moment et celui où le couteau tombe, pour que d'un mouvement convulsif le patient tourne la tête à droite et se déplace de quelques pouces.

C'est à la naissance du crâne que la tête est tranchée. On fait malgré soi un pas en arrière, en poussant un soupir de répulsion ; puis — bravade inutile — on essaye de sourire !

Quatorze secondes seulement se sont écoulées depuis que le condamné a paru, six depuis que M. Roch l'a saisi.

On jette le corps dans le panier. On y joint la tête, et le fourgon part au grand trot vers le cimetière, sous l'escorte des gendarmes, et précédé par le fiacre de l'abbé Crozes.

CHAPITRE XIII

BILLOIR. — L'AFFAIRE DE LA FEMME COUPÉE EN MORCEAUX

C'est une affaire qui a occupé pendant plusieurs mois toute la France. Elle mérite d'être rappelée.

Le mercredi, 8 novembre 1876, deux enfants jouaient sur les bords de la Seine entre Clichy et Saint-Ouen. Il y a là des espèces de radeaux que la maison Souffrice, de Saint-Denis, fait placer pour arrêter les détritus et les cadavres d'animaux, dont on fait ensuite, dans une usine, des graisses industrielles et des engrais. Les enfants se promenaient sur les radeaux. Tout à coup, l'un d'eux vit un gros paquet, que la baisse des eaux laissait à demi découvert. Il voulut le tirer, mais le paquet était lourd. L'enfant appela des ouvriers qui passaient. On retira le paquet, et on aperçut, enveloppé dans une étoffe bleue à fleurs — un vieux jupon — la tête et le tronc d'un cadavre.

On courut avertir M. Paul Guénin, commissaire de police de Clichy. De nouvelles fouilles furent faites et on sortit de l'eau la partie inférieure du corps.

Ce corps était celui d'une femme d'une trentaine d'années dont la tête avait été rasée et dont le ventre avait été ouvert et vidé.

Les deux tronçons furent portés à la Morgue. Décrire l'émotion que causa cette découverte est impossible. Pendant huit jours, tout Paris défila devant « la femme de Clichy ».

Une enquête fut commencée. M. Jacob, chef du service de sûreté, mit toute sa brigade en recherche ; mais ce fut en vain. Ce n'est pas que la femme ne fût reconnue. Au contraire, on la reconnaissait à chaque instant. Un jour, on affirma que c'était une Arabe faisant partie d'une troupe de saltimbanques qui avaient planté leur tente sur la route de la Révolte, à un kilomètre environ de Saint-Ouen. Le service de sûreté se multiplia et découvrit l'Arabe faisant des tours de force à dix lieues de Paris. Le lendemain, les habitants de la rue Rochechouart reconnurent le corps pour celui de la femme d'un cordonnier, partie récemment après une discussion avec son mari. Nouvelles recherches. La femme du cordonnier fut retrouvée parfaitement vivante et près de donner le jour à un bébé. Pendant qu'on cherchait la cordonnière, un habitant de Tours déclara qu'une bonne, originaire de Bordeaux et dont le signalement répondait à celui de la femme de Clichy, avait disparu récemment. On lui envoya la photographie des tronçons; il n'eut plus de doute, c'était bien elle... Ah! bien oui !... la bonne se portait comme le Pont-Neuf.

Ces scènes se renouvelèrent chaque jour. Une fois, une cuisinière de Ville-d'Avray reconnut en la morte une de ses amies. M. Jacob courut à Ville-d'Avray, découvrit la cuisinière et la ramena avec lui. Il était dix heures du soir. On ouvrit, on illumina la Morgue. La cuisinière, arrivée en face du cadavre, se mit à sangloter :

— Ah! c'est bien elle, c'est Clémence ; je reconnais ses traits, son jupon à fleurs... malheureuse, voilà où mène la mauvaise conduite !...

Et la première impression passée, elle dit que la victime se nommait Clémence Barbari, qu'elle était la maîtresse d'un soldat du camp de Villeneuve-l'Étang. Elle nomma le soldat. On court à la caserne. Le soldat, lui aussi, reconnaît la photographie et le jupon. Pour plus de renseignements, il dit d'aller consulter un de ses camarades qui est caserné à Rueil.

On va à Rueil. Même scène. Mais là le soldat donne l'adresse de Clémence, rue Lamartine. On va rue Lamartine. Le concierge dit que Clémence a déménagé pour aller boulevard de Strasbourg, 35.

Enfin!... M. Jacob, respirant à peine, court boulevard de Strasbourg. Il monte trois étages, sonne et... se trouve en présence de Clémence Barbari...

Il y eut *cent quatre-vingt-trois* déceptions de ce genre.

Enfin, le 14 décembre au soir, un habitué du café Charles, situé boulevard Ornano, arriva tout orgueilleux prendre sa demi-tasse. Il apportait quelque chose qu'il avait acheté dans le centre de Paris. C'était la photographie de la femme dont on parlait tant. Il la fit circuler dans le café.

— Mais, s'écria tout à coup un autre habitué, c'est la femme du *décoré*.

Le *décoré* était un bonhomme qui venait tous les soirs faire un cent de piquet ou un mille de bésigue en prenant une absinthe. On l'appelait ainsi parce qu'il avait la médaille militaire.

Ce cri fut un trait de lumière. Tout le monde en effet se rappela que le *décoré* était venu plusieurs fois avec une femme et cette femme était bien celle dont on présentait le portrait.

On alla prévenir la police. Mais on ne savait pas le nom du *décoré*. Cependant à force de chercher, les habitués du café Charles se souvinrent qu'il habitait rue Christiani. Au numéro 14 de cette rue, la concierge le reconnut à la description qu'on en fit et dit qu'il se nommait Billoir et qu'il demeurait rue des Trois-Frères, 51.

Là, un agent se présenta, se disant parent d'un garçon du café Charles et « tâta » l'accusé. Billoir demeura impénétrable, reconnut qu'en effet la femme coupée en morceaux devait être sa maîtresse, Marie Le Manach, veuve Bellanger, mais soutint qu'elle l'avait quitté depuis les premiers jours de novembre et qu'il ne savait ce qu'elle était devenue.

On l'arrêta néanmoins. Mais il persista à nier, si bien qu'on fut sur le point de le relâcher.

Cependant les journaux demandaient sans relâche qu'on fît vider la fosse de la maison de la rue des Trois-Frères, disant que probablement on y trouverait des preuves. Le parquet ne se pressait pas. Enfin, le 15 décembre — *vingt-deux jours après l'arrestation*, on s'y décida. On trouva la chevelure et les intestins de la victime.

Quand Billoir sut cela, il fit appeler M. le Directeur de Mazas et lui dit qu'il était prêt à avouer. Mandé en toute hâte, M. Jacob reçut ses aveux.

Billoir raconta que, dans la nuit du 6 au 7 novembre, Marie Le Manach étant rentrée ivre et ayant cassé un verre auquel il tenait beaucoup, il lui avait lancé un coup de pied dans le ventre, qu'elle était tombée morte et que, désolé, se voyant perdu, il l'avait coupée en deux et était allé jeter les morceaux à la Seine.

L'instruction lui répondit que c'était impossible, car le rapport de M. le docteur Bergeron était formel : le cadavre étant exsangue, la femme avait dû être découpée vivante, attendu qu'après le décès le sang se fige et ne coule plus. On n'avait d'ailleurs trouvé aucune trace du coup de pied.

Je ne serais pas éloigné de penser que tous deux — l'accusé et le médecin — avaient raison. Marie Le Manach peut avoir eu une syncope et Billoir l'a crue morte. Elle n'a rendu le dernier soupir que sous le tranchet avec lequel il lui ouvrait le ventre et c'est pour cela que tout le sang a coulé. Quant à la trace du coup, on sait que le *bleu* caractéristique ne se forme qu'au bout de quelques instants, par l'affluence du sang. Or, le sang s'écoulant, le stigmate de la meurtrissure n'a pas paru.

Quoi qu'il en soit, renvoyé par M. Bresselles, juge d'instruction, devant la chambre des mises en accusation, Sébastien Billoir, qui prétendait n'être coupable que de *coups et blessures ayant occasionné la mort*, fut traduit pour *assassinat* devant la Cour d'assises. Le 15 mars, il fut condamné à mort.

— C'est la médecine qui m'a tué ! s'écria-t-il en entendant l'arrêt et faisant allusion au rapport du docteur Bergeron.

Le 25 avril au soir, M. Roch recevait un pli contenant l'avis suivant :

« L'exécuteur des arrêts criminels de la Cour d'appel
» de Paris extraira demain jeudi, 26 avril, de la maison
» du dépôt des condamnés, le nommé Billoir et le con-
» duira, à quatre heures et demie du matin, au rond-
» point de la rue de la Roquette, où il lui fera subir la
» peine de mort, prononcée contre lui par arrêt de la
» Cour d'assises, le 15 mars dernier, pour assassinat.

» *Le Procureur général.* »

CHAPITRE XIV

EXÉCUTION DE BILLOIR

(26 avril 1877)

Le 26 avril s'est dénoué, sur la place de la Roquette, l'épilogue de ce drame qui, pendant plusieurs mois a passionné toute la France : l'*Affaire de la Femme coupée en morceaux.*

On avait tant discuté les circonstances du crime, on avait si prématurément proclamé la grâce accordée au condamné, que lorsque le bruit de l'exécution s'est répandu dans Paris, personne n'a voulu y croire. A minuit même, alors que les reporters des divers journaux, se dirigeant vers la Roquette, parlaient à leurs amis du triste spectacle auquel il allaient assister, on secouait la tête et l'on disait :

— C'est impossible !...

C'était vrai cependant. Malgré l'avis favorable donné par le procureur général, malgré les insinuations des journaux, le Maréchal-Président n'avait pas cru devoir commuer la peine.

— C'est un vieux soldat, disait-on, et le Maréchal ne voudra pas laisser trancher la tête à un homme qui a servi la France.

Au contraire et précisément parce que Billoir tenait à l'armée, son crime a été considéré comme étant d'autant plus grand. Les jurés d'ailleurs, en restant muets sur les circonstances atténuantes et en ne signant pas de recours, avaient affirmé leur intention de voir appliquer la peine capitale. Le Maréchal a laissé leur verdict s'accomplir.

Mais le public ne songeait pas à cela. On lui avait annoncé la grâce et il y croyait. Aussi, le rond-point de la Roquette, d'habitude encombré dès onze heures du soir par une foule avide d'émotions malsaines, était-il vide ou presque vide. Pas vingt personnes à minuit ! A deux heures du matin, quand M. Roch arrive avec ses fourgons, déballe et installe sa terrible machine, les journalistes seuls piétinent autour de lui... Je me trompe : des femmes se sont glissées parmi nous, et dans le mouvement de va-et-vient qui se fait autour du bourreau et de ses aides, on distingue le frou-frou des robes de soie...

Mais cela ne dure pas longtemps. Bientôt arrivent par les rues avoisinantes des brigades de gardiens de la paix des 10e, 12e et 20e arrondissements, qui occupent les abords. Ceux du 11e font évacuer la place à toutes les personnes qui ne peuvent justifier d'un motif plausible pour y demeurer.

Cependant, M. Roch, son cigare à la bouche, termine avec sa placidité accoutumée l'installation des bois de justice. Selon son habitude, il vérifie tout lui-même, pose des cales sous les pieds, range symétriquement les accessoires. Un frisson passe dans l'assistance quand on le voit faire jouer la lunette et la bascule et soulever à trois reprises le couperet pour le laisser retomber avec un bruit sourd sur les ressorts à boudin. Il hoche la tête d'un air satisfait. Tout va bien; nous n'aurons pas ce sinistre incident de la lunette retenue dans la coulisse gonflée, qui nous impressionna si douloureusement lors de l'exécution de Gervais.

En revanche, un des aides, M. Constant, grimpe sur un marchepied, et avec un linge, essuie soigneusement la rosée qui perle sur les longues traverses. Ce dernier coup de *fion* est d'un épouvantable réalisme.

Pendant ce temps, les soldats de la garde républicaine à pied et à cheval viennent prendre position sur la place, le long de la prison des jeunes détenus. Les sergents de ville d'une brigade centrale arrivent pour renforcer le service. Il est quatre heures. Le jour se lève. Le moment approche.

En effet voici les gendarmes de la Seine qui débouchent, au trot, le chapeau en bataille et viennent se ranger devant les autres troupes, faisant face à l'échafaud... Tout est prêt.

Nous faisons une rapide inspection des environs; tant sur la place qu'au dehors, il n'y a pas quatre cents personnes.

M. Horoch, greffier de la cour d'appel, représentant le procureur général, M. Baron, commissaire de police du quartier, M. Jacob, chef de la sûreté, assisté de son sous-chef M. Villa, pénètrent dans la prison, ainsi que M. Roch. M. Bauquesne, le directeur de la Roquette les y attend avec l'aumônier, le digne abbé Crozes. Il les introduit dans la cellule n° 1, à droite, où Billoir dort paisiblement. A leur entrée, l'éclat des lumières l'éveille, il se soulève, se frotte les yeux d'un air abasourdi, puis, comme quelqu'un qui commence à se reconnaître :

— Ah! pardon... dit-il, en apercevant M. Jacob.

Le chef de la sûreté qui, dans toute cette affaire, a joué un si grand rôle, semble fort ému. Une chose nous frappe; ses grands yeux clairs qu'il braque fixement d'habitude sur son interlocuteur, sont voilés par un lorgnon qui change singulièrement sa physionomie.

— Allons, mon pauvre Billoir, dit M. Jacob, en s'avançant, votre pourvoi est rejeté, votre recours en grâce repoussé; du courage!...

— Ah! fait Billoir avec un tressaillement. Mais, le réprimant aussitôt, il croise ses mains sur sa poitrine et se tourne vers l'abbé Crozes, qui l'embrasse.

Puis il s'habille rapidement. On lui offre de l'eau-de-vie et du vin. Il prend un gobelet de vin et y trempe les lèvres; ensuite, il revient à l'abbé Crozes, qui lui prodigue les paroles de consolation.

On traverse la prison. Au greffe s'accomplissent

les formalités traditionnelles. Billoir, *ligotté*, est livré à l'exécuteur.

La grande porte de la Roquette s'ouvre à deux battants; les gendarmes tirent leurs sabres.

M. Roch et ses aides apparaissent les premiers. Puis vient Billoir, soutenu par l'aumônier. Soutenu... non : Billoir a conservé son calme. Le vieux soldat se retrouve. Il marche à la mort, résigné, sans hésitation. A l'aspect de la guillotine, il n'a pas ce regard fixe, hébété de presque tous les condamnés; il a un mouvement de tête; son regard va de bas en haut et de haut en bas, comme celui de quelqu'un qui veut bien se rendre compte.

L'abbé Crozes lui fait baiser le crucifix, et l'embrasse ensuite lui-même : les lèvres du condamné touchent celles du prêtre. Billoir fait une inclination de tête et murmure d'une voix douce :

— Au revoir, mon père!...

A ce moment M. Roch pâlit affreusement, ses yeux papillotent, les pommettes de ses joues sautillent... Par un prodigieux effort, il se remet, saisit le condamné qui a continué sa route vers la guillotine, et le jette sur la bascule...

C'est fini!...

Et, au coup sourd du couteau qui tombe, répond le son d'un timbre... C'est la demie de quatre heures qui sonne à l'horloge de la prison. On était *d'une minute* en avance !

Les aides s'écartent...

Alors on voit avec horreur un flot de sang qui couvre la bascule, la lunette, les montants et coule sur le pavé vers le ruisseau. Puis comme l'aide qui a jeté le corps avec la tête dans le panier d'osier doublé de zinc, veut refermer ce panier, une chose étrange, fantastique, se produit, l'une des jambes sort en dehors et repousse le couvercle !...

Mais cela dure une seconde. Le panier est jeté dans un fourgon tout préparé. L'abbé Crozes monte dans son fiacre — le fiacre n° 148, dont le vieux cocher et le cheval blanc connaissent bien leur triste voyage. Ils l'ont fait tant de fois ! — et le cortège, escorté par cinq gendarmes, prend au grand trot le chemin du cimetière d'Ivry.

Là le gardien, averti de la veille, a ouvert la porte de l'enclos réservé. On apporte le panier au bord de la fosse creusée pendant la nuit, et on en renverse le contenu au hasard.

Puis fourgon et gendarmes repartent. Le fossoyeur jette quelques pelletées de terre, et l'abbé Crozes reste seul.

Si, une heure plus tard vous aviez jeté un coup d'œil à travers les planches disjointes qui entourent le *Champ-de-Navets*, vous auriez pu voir encore le vieux prêtre priant sur la tombe de l'assassin!...

CHAPITRE XV

EXÉCUTION DE ROUX

(21 juin 1877)

(*A Versailles*)

Si une exécution capitale est un spectacle passionnant pour le peuple de Paris, c'en est un bien plus irrésistible encore pour les provinciaux. Aussi, depuis le rejet du pourvoi des trois assassins d'Argenteuil (1) les habitants de Versailles étaient-ils sur un qui-vive continuel.

C'est que ce n'est pas une chose ordinaire, en effet, qu'une triple exécution, et cette triple exécution ne paraissait pas douteuse. Les trois jeunes

(1) Roux, en compagnie de deux autres jeunes bandits, était allé assassiner une cabaretière d'Argenteuil, la veuve Tartarin.

bandits n'avaient-ils pas pris une part égale au crime? Déon, sur le conseil de Lamoureux, avait porté le coup de couteau à la veuve Tartarin; Roux avait pesé avec ses genoux sur la poitrine de la pauvre vieille pour l'étouffer; Lamoureux, après avoir fait le guet, avait aidé à jeter le corps dans la cave, et enfin tous trois, avec un égal cynisme, s'étaient mis à boire et à jouer aux cartes à côté de leur victime pantelante... Comment faire un choix entre ces trois monstres? Seul, Lamoureux, à cause de ses dix-huit ans, avait paru plus digne de pitié au ministère public, à qui il répugnait de faire tomber la tête d'un enfant; mais le jury, jugeant que cet enfant, précocement vicié, était aussi coupable et aussi dangereux que ses complices, avait refusé les circonstances atténuantes.

Aussi tout Versailles, insoucieux des luttes parlementaires qui l'ont blasé, veillait-il pour ne pas manquer l'exécution, et chaque soir de longues bandes allaient attendre, au Vieux-Montreuil, l'arrivée de M. Roch. Mercredi soir, on apprit qu'un fourgon, de forme bizarre, était arrivé à la gare des Chantiers. Malgré la surveillance du chef de gare, on sut que cette voiture contenait une série d'outils étranges. Enfin, à l'*Hôtel de* l'*Étoile d'Or*, 73, rue des Chantiers, étaient descendus quatre hommes, dont un bien reconnaissable, grâce à son portrait si souvent fait par les journaux... Cette fois l'exécution était certaine, mais pour un seul des condamnés; les deux autres avaient leur grâce.

Nous aussi nous étions prévenus, et à minuit nous arrivions à Versailles, juste au moment où le piquet de gendarmerie partait de la caserne pour aller au lieu des exécutions.

On doit être habitué aux mouvements de troupes, à Versailles, et cependant au bruit sonore du sabot des chevaux, sur les pavés fort inégaux de la rue des Chantiers, les volets des maisons s'ouvrent, des têtes apparaissent, et bientôt de toutes les portes sortent des gens qui font cortège aux gendarmes. Ce cortège est déjà fort quand nous arrivons au *Pont-Colbert*.

Étrange lieu d'exécution que ce Pont-Colbert. C'est un pont situé sur la route n° 186, entre le bois des Gonards et le champ de courses de Porchefontaine. Une grande allée, qui s'enfonce dans les bois, dessine un pittoresque carrefour, garni de gazon et de mousse, et au-dessus duquel les grands arbres se rejoignent pour former un bosquet: c'est là que se dresse l'échafaud. C'est là que tomba la tête de Poncet, qui a laissé une légende dans le monde des assassins, et celle de Brulé, le dernier condamné exécuté par M. Heindreich, qui mourut quinze jours après...

En face de ce décor d'opéra-comique, les quarante gendarmes — vingt à cheval et vingt à pied — conduits par le capitaine Legay, prennent position. Et, de l'autre côté, des massifs, des fourrés, émergent des têtes qui se retirent précipitamment avec un bruissement confus. Ce sont des curieux cachés là, depuis la veille au soir, comme des faunes au milieu du feuillage...
Les gendarmes font évacuer la route et refoulent les curieux à droite et à gauche. La voiture de M. Roch arrive. Il est une heure du matin. Nous voyons déballer, pièce à pièce, les bois de justice que les aides installent sur le terrain inégal du bosquet. Pendant ce temps arrivent successivement : le commissaire central, M. Corajod, trois autres commissaires de police avec une escouade de sergents de ville, qui viennent seconder les gendarmes et les greffiers du tribunal; quelques personnes notables de Versailles sont également admises dans le cercle où M. le capitaine Legay nous a gracieusement autorisé à

évoluer à notre gré. En notre qualité de journaliste parisien, nous sommes largement mis à contribution par ces messieurs, qui nous pressent de questions sur les détails de l'acte lugubre qui va s'accomplir. En revanche, ils nous renseignent volontiers, et, par eux, nous apprenons que près de deux mille personnes sont massées à la grille de l'octroi, fermée momentanément.

Et pendant ce temps, M. Roch et ses aides travaillent. Une cabane de cantonnier, située en face du carrefour, leur sert de point de repère. La machine est montée. Selon l'habitude, l'exécuteur en fait jouer, l'une après l'autre, toutes les pièces. Quand le couteau soulevé par trois fois retombe avec son bruit caractéristique, un frissonnement parcourt l'assistance.

Il est trois heures. Deux cents hommes du 76e de ligne arrivent à leur tour, sous le commandement d'un capitaine de gendarmerie mobile. Il fait jour. Le soleil qui se lève à l'horizon donne aux nuages des teintes de pourpre, qu'on admirerait en un autre moment, mais qui semblent, grâce à la prédisposition d'esprit dans laquelle on se trouve, se refléter sur le couteau et l'envelopper d'une sanglante auréole... A la lueur du jour, nous voyons dans les arbres plusieurs individus, dont l'un est absolument suspendu au-dessus de la baïonnette d'une sentinelle. Si cet homme avait une défaillance, il serait littéralement embroché... Accoudé au montant de la guillotine, M. Roch attend. Près de lui, M. Corajod, le commissaire central, profite de son inaction pour lui demander une dernière explication, et fait lui-même basculer la planche vers le grand panier, au fond duquel le premier aide égalise méthodiquement la couche de son...

Cependant M. Roch tire sa montre. C'est l'heure. Il faut aller chercher le condamné. On lève le couteau. On installe dans la voiture une banquette pour le patient... car c'est là dedans qu'on va l'amener, dans ce fourgon qui a apporté l'instrument du supplice, et qui plus tard emportera le corps...

La voiture part au grand trot.

Pendant ce temps, à la prison Saint-Pierre, Valentin Roux entendait la messe et communiait. M. Roch arrive, les formalités d'usage sont rapidement remplies, et la voiture revient au pas. Quatre gendarmes à cheval marchent devant, deux autres sont de chaque côté, huit gendarmes à pied ferment la marche.

Et, de la prison Saint-Pierre au Pont-Colbert, il y a près de deux kilomètres!...

Enfin, la voiture franchit la barrière; avec elle passe un flot de peuple qui la devance et vient se ranger derrière les troupes...

Il est quatre heures; le soleil paraît et les oiseaux gazouillent dans les arbres... Cette exécution dans la campagne fleurie et joyeuse vous fait songer à cette nouvelle si émouvante d'Étienne Béquet : *Marie, ou le mouchoir bleu*, où il y a aussi un homme qu'on tue judiciairement au soleil, au milieu des fleurs et de la verdure...

La voiture entre; on abaisse le marchepied tout près de la guillotine. L'aumônier descend. C'est un beau prêtre à la longue barbe grise. Puis le condamné, un gamin imberbe, pâle, terreux... il est nu jusqu'à la ceinture; on le soutient. Le prêtre, qui lui masque l'instrument de mort, l'embrasse sur les deux joues. Roux l'embrasse aussi. L'aumônier pose sa main sur sa tête, prononce une parole d'absolution, et s'écarte... Roux est lancé sur la bascule... le couteau tombe... un long jet de sang, qui atteint en passant l'aide au visage, rejaillit jusque sur le pantalon blanc d'un douanier qui s'enfuit atterré.

Puis, le corps, placé dans le panier, est remis dans la voiture. M. Collignon, commissaire de police, y monte avec l'aumônier, et on va vers le cimetière, où une bière, payée par la ville, attend le cadavre du supplicié.

— Vingt ans seulement, en octobre prochain! murmure un vieux gendarme derrière nous.

CHAPITRE XVI

LE CRIME DE LA RUE NATIONALE. — WELKER

(Le crime)

Dans le treizième arrondissement, rue Nationale, 17, est un petit hôtel, tenu par M. et madame Hurel. C'est un établissement modeste, à la portée de la population ouvrière, très nombreuse dans ce quartier.

Le mardi 29 mai, un jeune homme se présentait pour louer une chambre dans cet hôtel. Il se fit inscrire sous le nom de Pierre Welker, journalier, âgé de vingt ans, originaire du Haut-Rhin. Il venait là, parce qu'il connaissait des voisins, M. et madame OEkerlé, qui demeuraient au n° 15. Il avait habité autrefois chez une de leurs parentes et était venu plusieurs fois dans la famille. C'était même, dit-il, madame OEkerlé qui blanchissait son linge. Il paya la huitaine d'avance et passa la nuit dans la petite chambre qu'il avait louée, au fond d'un couloir au premier étage.

Le lendemain matin, il sortit en disant qu'il allait chercher du travail. Il ne rentra que le vendredi à midi :

— J'ai eu du travail à la Villette, dit-il, j'ai déchargé des bateaux pour M. Say avec un camarade et j'ai couché avec lui.

Puis il ressortit.

Vers quatre heures, il reparut. En même temps que lui entrait dans la maison, l'aînée des deux filles de la voisine, Marie-Joséphine, âgée de huit ans. Madame Hurel, qui connaissait cette enfant, crut qu'elle venait jouer dans la cour avec ses petites amies, comme cela lui arrivait souvent, et ne s'en occupa pas davantage. Elle ne s'étonna pas non plus de la voir avec Welker, sachant qu'il connaissait la famille OEkerlé.

Welker sortit à six heures, alla dîner et remonta se coucher à huit heures, sans adresser la parole à personne.

Pendant ce temps, M. OEkerlé cherchait sa fille. Ses frères et sœurs, pas plus que les autres enfants du voisinage, avec lesquels elle avait l'habitude de jouer, ne l'avaient aperçue.

— Mais, demanda madame Hurel, Titine n'était-elle pas avec vous tantôt dans la cour?

— Non, elle n'est pas venue...

Une singulière idée vint à madame Hurel. Elle se souvint que la petite Joséphine était entrée en même temps que Welker. Elle se rappela aussi la figure bouleversée et congestionnée de cet homme lorsqu'il avait passé devant elle en allant dîner et en revenant se coucher...

— Va donc voir jusqu'à la chambre du nouveau locataire, dit-elle à son mari, en dissimulant les terribles soupçons qui assiégeaient son esprit.

M. Hurel monta frapper chez Welker.

— Qui est là? Qu'est-ce que vous voulez? cria celui-ci. Je suis couché et je ne peux pas ouvrir.

— Vous n'avez pas vu Titine?

— Non, laissez-moi tranquille!

Le logeur descendit et remonta avec M. OEkerlé.

Après de longs pourparlers, Welker ouvrit enfin et restant sur le seuil, demanda ce qu'on lui voulait en faisant mine de vouloir barrer la porte.

Les deux hommes l'écartèrent et explorèrent la chambre. A ce moment ils n'avaient encore aucun soupçon. M. OEkerlé, connaissant Welker, qu'il appelait « un bon garçon », croyait que la petite Titine, ayant peur d'être grondée, s'était cachée chez le jeune homme.

La chambre est petite. La visite fut courte. Mais, comme on approchait du lit, Welker fit mine de se sauver. D'un bras vigoureux, M. Hurel le maintint.

En même temps les pieds de M. OEkerlé heurtaient quelque chose qui sortait de dessous le lit.

Il regarda, c'étaient les pieds d'un enfant.

— Ah ! tu t'es cachée, dit le père, tout joyeux. Allons, sors de là, ma chérie, va, on ne te grondera pas !...

Joignant l'action à la parole, il tira à lui doucement les petits pieds...; ce fut un cadavre qu'il sortit de dessous le lit...

La petite Marie-Joséphine avait été étranglée avec une corde à sauter... la corde à poignées d'acajou que sa mère lui avait achetée huit jours auparavant !

Et l'assassinat avait eu pour mobile un forfait plus odieux encore. Un simple coup d'œil sur le cadavre de l'enfant ne laissa aucun doute...

Comment, en présence de cet effroyable révélation, le père a-t-il eu assez de force sur lui-même pour ne pas étrangler, pour ne pas déchirer de ses ongles, la brute dont l'immonde crime le frappait si douloureusement? C'est ce que nous nous demandons. Certes, il est des cas où nous comprenons la sommaire loi de Lynch !

Quoi qu'il en soit, pendant que M. Hurel tenait Welker, on alla avertir M. Grillières, commissaire de police, qui procéda à un premier interrogatoire.

Le misérable raconta sans hésiter tous les détails de son crime. Il avait appelé la petite Joséphine qui sautait à la corde et il lui avait dit de monter à sa chambre chercher une chemise sale pour la donner à blanchir à sa mère. L'enfant, sans défiance, l'avait suivi. Alors, il avait voulu se livrer à des violences sur elle. Joséphine avait résisté. Il avait essayé de la maintenir en lui comprimant le nez et la bouche. N'y pouvant réussir, il lui avait passé autour du cou sa corde qu'elle n'avait pas lâchée, et tandis que la pauvre petite se tordait dans les convulsions de l'agonie, il avait consommé son infâme attentat. Il espérait, dans la soirée, se débarrasser du cadavre en le portant à la Seine.

Et ce blond garçon de vingt ans, racontait cela tranquillement, comme une chose toute naturelle !

Il a fallu l'intervention de la police pour empêcher la foule de venger la victime en exécutant ce monstre.

Le corps de la petite Joséphine fut porté à la Morgue. L'autopsie en fut faite par M. le docteur Delens.

La foule assemblée, dès la première nouvelle du crime, devant la maison de M. OEkerlé, 15, rue Nationale, faillit rendre impossible le transport du cadavre à la Morgue. Quand les deux employés sont arrivés, traînant la petite voiture qui sert à ce funèbre office, les curieux, apercevant de loin leur gilet rouge d'uniforme, se sont massés devant la porte, et les gardiens de la paix ont eu mille peines à faire frayer un passage.

Le logement des époux OEkerlé est au rez-de-chaussée, au fond de la cour, à gauche. L'enfant était sur un lit, vêtue des habits qu'elle portait au moment de l'attentat. Au pied du lit, le père et la mère ; lui sombre, muet, les sourcils froncés ; elle, le visage caché dans un mouchoir et sanglotant. Quand on leur a dit qu'on venait chercher le cadavre, M. OEkerlé s'est levé, comme par une commotion électrique, et s'est placé devant le corps, presque menaçant, tandis que la mère, se roulant aux pieds des employés, les suppliait de ne pas emporter sa fille...

Il a fallu parlementer avec la douleur de ces pauvres gens, leur faire comprendre que la justice exigeait cette mesure, leur promettre formellement que le cadavre leur serait rendu. Enfin, M. OEkerlé, ancien soldat de Crimée et d'Afrique, a compris les exigences de la légalité, et l'enlèvement s'est effectué.

Je suis allé voir, quelques heures plus tard, le cadavre à la Morgue.

La petite Marie-Joséphine était une enfant assez grande pour son âge, très gentille, quoique ses petits cheveux blonds coupés ras lui donnassent un peu l'air d'un garçon. Elle portait au visage et au cou la trace des ongles de la bête fauve qui l'a assassinée.

Je n'entrerai pas dans les détails affreux qu'a révélés l'autopsie... Le récit en serait trop repoussant.

D'ailleurs, si j'en crois les rumeurs qui courent

dans le treizième arrondissement, ce crime ne serait pas le premier de ce genre qu'on aurait à imputer à Welker. Plusieurs enfants, dans ce quartier, ont été en effet victimes de tentatives ou de faits dont l'auteur est resté inconnu, et il serait fort possible que le coupable fût Welker.

CHAPITRE XVII

LES OBSÈQUES DE LA VICTIME

L'enterrement de la petite Marie-Joséphine OEkerlé eut lieu trois jours après.

A neuf heures, le fourgon de la Morgue, traîné par *Marie*, la jument de l'administration funèbre, apportait le corps, 15, rue Nationale. M. OEkerlé, prévenu, l'attendait ; il a reconnu sa fille tout de suite et le petit cercueil, fermé, a été déposé dans la première des deux pièces qui composent le logement de ces pauvres gens.

A ce moment est arrivée madame OEkerlé. Elle a voulu revoir sa fille, l'embrasser. Il a fallu s'interposer, lui mentir, inventer des règlements de fantaisie, pour empêcher la pauvre mère d'arracher le couvercle qui cachait le cadavre de son enfant, et pour lui éviter une émotion qui eût pu lui être fatale. La famille OEkerlé n'a pas besoin de ce nouveau surcroît de douleur. Le père, vieux militaire, avait eu les fièvres tout l'hiver, et ce n'est que par des prodiges de travail et d'économie que madame OEkerlé était arrivée à donner du pain à ses enfants.

Le logement des époux OEkerlé est, ainsi que nous l'avons expliqué, situé au fond d'un passage, à gauche. Dès l'arrivée du corps, la foule a envahi ce passage. On se succédait devant la petite bière couverte de fleurs, éclairée par deux simples bougies, et ornée d'un tout petit crucifix en cuivre. C'était un curieux spectacle que celui de cette population, pauvre, souffrante, venant prier devant ce cercueil d'enfant. Il y avait là des types bien divers et bien curieux, des types qu'en d'autres moments on trouve dans les clubs et dans les émeutes, et qui venaient, sérieux et dignes, plonger le rameau de buis dans le verre de deux sous qui contenait l'eau bénite et secouer ce rameau sur le cercueil, avec un grand signe de croix...

Ce défilé dura deux heures, sans bruit, sans criailleries, sans ce tapage inséparable de toute agglomération populaire. A peine quelque sourde protestation, quelque menace échappée à une mère indignée qui venait, son enfant sur les bras, s'incliner devant le cercueil de la victime.

Vers onze heures, un vieux chiffonnier, à la barbe hérissée, aux cheveux en broussailles, aux vêtements en lambeaux, vint se planter à deux genoux sur le pas de la porte.

— Pauv' p'tit' bougresse! murmura-t-il, en essuyant de sa main calleuse les larmes qui coulaient sur ses joues, as pas peur, va, la justice te vengera!...

A mesure que l'heure s'avance, la foule augmente dans la rue Nationale et aux environs; foule étrange de femmes aux bras nus, d'ouvriers en tabliers de travail. Il sortent des ateliers et accourent saluer en passant le modeste convoi de l'enfant que tout le quartier pleure. C'est M. Duplessy, maire du treizième arrondissement, qui fait les frais de l'enterrement. Il était venu la veille en avertir la famille, en lui prodiguant des consolations. Les voisins aussi lui témoignent leurs sympathies.

Pendant que nous attendons l'arrivée du corbillard, un voisin nous raconte une étrange particularité :

— J'ai perdu, le 1er juin, nous dit-il, une petite

fille. OEkerlé, qui est mon compatriote et mon ami, vint me serrer la main et me promit de passer la nuit avec moi auprès du corps de mon enfant. Nous ne sommes pas riches. J'avais commandé quelques lettres de faire part. Je priai la petite Marie-Joséphine d'aller me les porter chez les voisins...

Elle le fit volontiers. Chaque fois que j'écrivais une adresse, je lui disais : — Pour un tel. Et elle partait. Vers quatre heures et demie, je ne la vis plus...

Je terminai ma triste besogne. Puis, je descendis voir si la petite pouvait porter le reste de mes lettres et si le père allait venir veiller... Je trouvai OEkerlé tenant sur ses bras le cadavre défiguré et souillé de la pauvre enfant... Pendant qu'elle faisait mes courses funèbres dans le quartier, le monstre l'avait rencontrée...

Et quand je pense, ajoutait le brave homme, que la pauvre petite avait préparé sa couronne de roses blanches pour le convoi de son amie !... Ah ! je crois que j'ai autant de douleur de la perte de celle-ci que de la perte de ma fille !...

A midi sonnant, les employés des pompes funèbres arrivent. Le cercueil est porté à l'entrée du passage, où on l'installe sur deux tabourets. Il reste là pendant quelques minutes, couvert de fleurs et de couronnes blanches, puis on le pose sur le char.

Quatre petites filles en blanc prennent les cordons du poêle. Ce sont les compagnes de la défunte, les filles des plus proches voisins, Augustine Dallot, dont la mère est blanchisseuse dans la même maison, Georgette Hurrel, fille du propriétaire de l'hôtel où s'est passé le drame, Louise Mazery, et Victorine Maréchal. Derrière le char viennent les enfants de l'école protestante du quartier, car bien que Marie-Joséphine fût catholique, comme sa mère, son père, appartenant à la religion réformée, l'envoyait à cette école.

Puis venait M. OEkerlé, type de vieux soldat, portant à la boutonnière de sa redingote des dimanches, les rubans de Crimée et d'Italie, tortillant sa casquette dans ses mains et mordant convulsivement sa moustache pour ne pas pleurer; ses deux beaux-frères, MM. Kelch et Keller, l'aidaient à conduire ses quatre petits enfants qui sanglotaient.

Presque à côté de lui, M. le maire Duplessy suivait le convoi.

Derrière le cercueil, sur le parcours, était

massée une foule considérable. Au coin de la place Nationale, les gardiens de la paix marchant en tête ont dû faire évacuer la chaussée pour le convoi. A l'estimation de plusieurs témoins, il y avait là au moins 5,000 personnes.

Le service funèbre a été dit dans une des chapelles latérales de l'église Notre-Dame-de-la-Gare, place Jeanne-d'Arc, qui a été trop petite pour contenir la foule. Le corps a été ensuite porté au cimetière d'Ivry.

CHAPITRE XVIII

EXÉCUTION DE WELKER

Pierre-Jean Welker, l'assassin de la rue Nationale, fut exécuté le 10 septembre 1877.

Nous avons déjà eu à plusieurs reprises la triste occasion de faire connaître tous les détails de la froide mise en scène avec laquelle on prépare l'acte le plus terrible de la justice humaine. Nous avons décrit l'arrivée des curieux, la pose des cordons de gardiens de la paix au coin des rues, le montage des bois de justice, enfin l'entrée de la gendarmerie de la Seine, cette troupe si belle dans sa sévère tenue et dont l'apparition cause un frisson, car elle annonce que le moment approche et que bientôt le condamné recevra la nouvelle que sa dernière heure est venue...

Nous ne reviendrons pas sur ces détails; mais il en est un, particulier à cette matinée, que nous croyons ne pas devoir passer sous silence.

Il est bien entendu que, dans les exécutions capitales, le public qui ne vient là que par un sentiment de malsaine curiosité, doit être tenu à distance. Les représentants de la presse et quelques personnes munies d'autorisations spéciales sont seuls, avec les fonctionnaires et les employés du personnel de la justice, admis au pied de l'échafaud.

Or là, autour des bois de justice, s'étaient groupés cent cinquante individus dont rien ne pouvait assurément justifier la présence. Quelques-uns étaient en bourgeron, en blouse et en casquette; l'un d'eux portait la veste ronde et le tablier blanc des garçons de café; la plupart avaient la pipe à la bouche. Et ces gens qui, nous a-t-on dit, étaient parvenus là en se prétendant journalistes, s'étaient naturellement adjugé le premier rang, si bien que les véritables envoyés des journaux n'ont dû qu'à l'obligeance bien connue de M. Ansart, chef de la police municipale, aux efforts de M. Siadoux, officier de paix du onzième arrondissement, la possibilité de se caser dans un petit coin, pour jeter un coup d'œil sur l'exécution dont ils étaient chargés de rendre compte.

Ajoutons que la présence d'une dame dans le cercle réservé a produit une fort pénible impression.

Cela dit, passons aux détails de l'exécution proprement dite.

Une chose dont on se préoccupait beaucoup, c'était l'attitude qu'aurait le patient. Pour ceux qui, malgré les rigueurs du huis clos, avaient pu connaître les détails du procès, la question n'était pas douteuse. Welker qui, son odieux crime accompli, s'était tranquillement couché au-dessus du cadavre de sa victime, Welker qui avait complaisamment raconté au commissaire de police tous les détails de son forfait, Welker qui, sans une larme, sans un mouvement de repentir, — même factice, — avait répété de la façon la plus minutieuse, tous ces horribles détails au président de la cour d'assises, Welker n'était accessible qu'à un seul sentiment : la peur. Il avait pleuré lorsqu'il avait entendu le verdict du jury. Il avait pleuré lorsqu'on l'avait mis dans la cellule des condamnés à mort. Il avait pleuré sur lui, sur lui seul, sur sa souffrance, ne songeant pas un seul instant que la pauvre petite Joséphine avait souffert, elle aussi, horriblement, épouvantablement souffert sous son odieuse étreinte... Puis, les jours s'étaient passés, l'idée de la mort s'était éloignée, la matière avait repris le dessus, Welker avait retrouvé sa tranquillité, buvant, mangeant, fumant sa pipe, dormant sans regret, sans remords!...

A un tel homme, l'annonce de la mort devait être un coup de massue : c'est ce qui est arrivé.

Il est cinq heures moins douze minutes quand M. Roch, qui vient d'essayer le couperet et le jeu des rainures, s'approche de M. le commissaire de police Baron et lui dit qu'il est prêt.

Il fait presque jour, les étoiles pâlissent au ciel et disparaissent les unes après les autres; l'ordre d'exécution porte « vers cinq heures et demie », il est temps d'aller réveiller le condamné.

M. Jacob, chef de la sûreté, M. Baron, M. Roch et ses aides pénètrent dans la prison. L'abbé Crozes, qui est sorti pour s'informer si son fiacre — l'éternel n° 148 — est arrivé, y rentre aussi. M. Bauquesne, directeur de la Roquette, et M. le greffier Auroch, les attendent sous le porche.

On se rend à la cellule n° 3, où est le condamné.

Welker dort profondément. Il s'imagine avoir encore devant lui un long délai. L'arrêt qui l'a frappé est du 13 août. Il croit, comme beaucoup de gens, aux traditionnels « quarante jours » qui doivent s'écouler entre la condamnation et l'examen du pourvoi. Il est donc bien tranquille...

Le bruit des clefs, la lumière, ne le réveillent point. Il est couché sur le côté gauche, le visage tourné du côté du mur.

M. Jacob lui frappe sur l'épaule.

— Welker, lui dit en même temps M. Bauquesne, votre pourvoi a été rejeté, votre recours en grâce a été repoussé; il faut vous préparer à mourir.

— Oh!...

C'est un cri de bête fauve, un rugissement et un râle à la fois qui s'échappent de la gorge du malheureux. Il se laisse retomber sur son lit, en proie à un tremblement nerveux, mordant convulsivement le drap de grosse toile.

— Avez-vous quelque chose à dire? Voulez-vous boire?... reprend M. Jacob, que l'agonie du condamné émotionne, et qui est presque aussi pâle que lui.

Welker ne répond rien. Son spasme continue. On le descend de son lit et on lui met dans la main son pantalon de toile fauve.

Il essaye de se soutenir pour le mettre. Mais il ne peut y arriver et il retombe la face sur le lit, râlant plus que jamais.

Le vénérable abbé Crozes essaye à son tour de lui prodiguer des consolations. Peine inutile. Welker ne les entend plus... Il est maintenant congestionné; les veines du front et des tempes se gonflent démesurément. On se demande s'il ne va pas mourir avant l'exécution...

Il n'est pas mort; non, mais la matière seule existe encore; le cœur bat, mais la pensée est partie; les affres de la terreur l'ont paralysé. M. Roch attache le patient qui lui a été livré et dont les membres inertes subissent la ligature sans qu'il paraisse s'en apercevoir.

— Vous fais-je mal, mon garçon? demanda l'exécuteur en faisant un nœud coulant autour des poignets. Mais Welker ne lui répond pas plus qu'il n'a répondu à M. Jacob ou à l'abbé Crozes, il est inerte, atone, aphone. C'est un cataleptique que l'on va mener à l'échafaud.

La levée d'écrou est faite. Les gardiens font jouer les verrous de la grande porte de la Roquette. Les gendarmes ont le sabre en main.

Au dehors tout le monde se penche pour voir...

Deux officiers de paix, MM. Dufour et Brisou, qui se sont avancés, l'aperçoivent les premiers et s'écrient :

— On le porte!...

On le porte en effet. De chaque côté de lui un aide le soutient sous l'épaule et par le bras. Sa tête, penchée sur l'épaule droite, ballotte, ses jambes défaillantes traînent à terre.

Devant lui, lui cachant l'échafaud, marche à reculons l'abbé Crozes, un crucifix à la main. Deux baisers bruyants retentissent. Les aides font un effort et enlèvent le patient qu'ils font évoluer avec la bascule, sur laquelle son corps tombe avec un bruit flasque qui nous fait froid jusqu'aux os.

Le couperet tombe... Un flot de sang jaillit.

Le tronc est jeté dans le panier. On veut également y lancer la tête, mais la façon dont il fallu jeter le patient l'a fait placer un peu de travers. La section s'est faite en biais; le menton d'un côté, l'attache de l'épaule de l'autre ont été entamés. De plus Welker avait le crâne énorme...

La tête reste retenue au fond du seau où elle a

été reçue. Il faut frapper sur ce seau pour le vider!...

Tout cela nous a paru durer un siècle. Non. Entre le réveil du condamné et la chute du couteau, dix-huit minutes seulement se sont écoulées : trois de moins que pour Billoir.

Sous l'escorte de six gendarmes, le corps a été porté à Ivry et inhumé. La tête, nous dit-on, a été réclamée par M. le professeur Robin, pour l'École de médecine.

CHAPITRE XIX

AFFAIRE ALBERT. — LE CRIME DE MALAKOFF

Le crime.

Le jeudi 24 août 1876, en rentrant chez lui, le sieur Pelletier, gardien des bâtiments de l'ancien café-concert de la *Tour Malakoff*, ne trouva pas sa femme à la maison. Pelletier avait soixante-dix ans, sa femme soixante-quatre. Depuis une quarantaine d'années qu'il était marié, il avait été bien souvent séparé de sa femme pour diverses raisons. Il supposa qu'elle était allée passer quelques jours à Belleville, dans une famille riche où elle rendait quelques services ; il ne s'inquiéta pas de cette absence.

Le dimanche suivant, il alla à Belleville pour voir sa femme, et apprit avec stupéfaction qu'on ne l'avait pas aperçue depuis six semaines.

Il revint tout effaré à Malakoff, et fit part de ses craintes aux voisins, mais personne ne put savoir où madame Pelletier était passée.

Le mardi 29 août, seulement, M. Durand, dont la maison est contiguë à celle de Pelletier, aperçut un cadavre qui nageait au fond de son puits. Il appela les voisins, et on retira le corps, qui était celui de la femme Pelletier.

On la porta à la Morgue, et le docteur Bergeron fit l'autopsie. Il reconnut que la défunte avait été étranglée avant d'être jetée dans le puits.

Les soupçons se portèrent sur un ouvrier briquetier, nommé Albert, jeune homme de vingt-quatre ans, d'origine belge, qui habitait chez Pelletier et dont on remarquait, depuis quelques jours, l'air sombre. Ce jeune homme, en effet, avait disparu, et avec lui divers objets, des bijoux, une théière en ruolz, etc. Des témoins se rappelèrent l'avoir vu sur le viaduc d'Auteuil, un revolver à la main et lui avoir entendu dire.

— Il y a des jours où, *pour un sou*, on tuerait quelqu'un !

En même temps on apprit à Valenciennes, où il

avait habité quelque temps, qu'Albert avait, un soir, dit à un camarade :

— Je me sauve. Il m'arrive une chose terrible, j'ai *ribotté* avec un cuirassier qu'on vient de trouver noyé. J'ai peur qu'on ne m'accuse de sa mort.

Ce jeune homme fut recherché vainement. Il ne reparut pas.

L'instruction dut s'arrêter momentanément.

Mais voici qu'un an plus tard, un nommé Albert Dessy, ouvrier belge, employé aux docks de la Villette, demeurant rue de l'Argonne, 24, vint dire à M. Aussilloux, commissaire de police de son quartier :

— Arrêtez ma maîtresse, Philomène Lavoitte, c'est elle qui a assassiné la veuve Pelletier à Malakoff.

M. Aussilloux commença une enquête. Dessy lui raconta qu'en 1876, il avait fait connaissance de Philomène Lavoitte, qui travaillait chez madame Pelletier comme polisseuse d'acier. Cette fille avait tué sa maîtresse, et tous deux avaient pris la fuite.

— Je n'ai pas osé la dénoncer, dit-il, parce que je l'aimais ; et puis, je dois le dire, j'ai profité du vol. Mais depuis, elle m'a trompé, elle m'a délaissé pour un autre. Je me venge!...

Le commissaire de police les mit tous deux en état d'arrestation provisoire. Les renseignements pris sur eux justifiaient d'ailleurs pleinement cette mesure. Ils travaillaient en effet fort peu, et paraissaient fort bien vivre. Dans les premiers jours de son installation rue de l'Argonne, Philomène avait été employée comme bonne chez sa propriétaire, mais elle avait vite renoncé à cette occupation et avait préféré se livrer à la débauche. De plus, on lui avait vu de nombreux objets, bijoux, dentelles, linge fin, etc., qu'elle disait tenir d'un héritage.

La perquisition opérée dans la chambre qu'elle occupait amena la découverte d'un grand nombre de reconnaissances du mont-de-piété, de torchons faits avec de magnifiques nappes, de corbeilles, caves à liqueur, etc., etc.

L'affaire de la Tour Malakoff ayant été commencée, dès le début par MM. Guillot et Macé, ce fut à eux que M. Aussilloux renvoya les inculpés.

Au premier mot, M. Macé s'écria :

—Albert!... mais c'est l'homme que nous cherchions autrefois. Quel âge a-t-il? Vingt-six ans?... C'est bien cela. Belge? C'est cela encore.

C'était cela en effet. Albert Dessy était bien l'ancien locataire des époux Pelletier, disparu le 24 août 1876 et installé le 16 septembre suivant avec sa maîtresse, rue de l'Argonne.

Mais Albert nia obstinément toute participation et Philomène fit de même.

— Les objets... oui, je les ai pris, dit-elle, je les ai pris « comme toutes les bonnes empruntent à leurs patronnes ».

Ce système dura trois jours. Le quatrième, Dessy demanda à parler à M. Jacob et lui avoua carrément que c'étaient eux deux qui avaient tué « la vieille ».

Aussitôt, MM. Guillot, Macé et Jacob, accompagnés d'agents de la sûreté, conduisant Albert Dessy et la fille Lavoitte, se rendirent à la Tour Malakoff pour procéder sur place aux constatations.

Dessy avait vingt-six ans ; sa taille était d'un mètre 78 ; les épaules étaient larges, il était fort, trapu, le regard mauvais. Il était vêtu d'une grande blouse bleue comme en portent les bouchers, et coiffé d'un petit chapeau de paille.

La fille Lavoitte avait le même âge, et passait pour fort jolie quand elle travaillait chez madame Pelletier. Elle était vêtue d'une robe à fleurs, par dessus laquelle était jeté un waterproof violet. Tous ceux qui l'ont connue la trouvèrent changée et amaigrie, à un tel point que, tout d'abord, ils eurent peine à la reconnaître.

Les magistrats prirent place dans une des pièces du logement du gardien, autour d'une table peinte en vert, qui a dû figurer dans une tonnelle et sur laquelle on a fait bien des repas joyeux. M. Guillot s'assit devant la table, ayant à sa droite MM. Macé et Jacob, et à sa gauche les secrétaires. Les inculpés étaient en face sur deux chaises.

Dessy montra un aplomb effrayant. Il raconta son crime aux magistrats comme s'il se fût trouvé dans un salon. Ce n'est pas la justice qui le conduisait, c'est lui qui faisait les honneurs à la justice.

Voici, d'après lui, comment se serait passée ce qu'il appelle « l'affaire » :

Le 24 août, vers quatre heures du soir, Dessy appela madame Pelletier et lui dit :

— Un lapin qui se sauve !...

— Où ? demanda madame Pelletier.

— Là, répondit Dessy, dans la cave...

Madame Pelletier courut aussi vite que le lui

permettaient son âge et ses infirmités. A peine arrivait-elle dans la cave du fond, que la fille Lavoitte, qui la guettait, la saisit par les cheveux et la renversa sur un tas de varech qui se trouvait contre le mur de gauche. Dessy survenant aussitôt, lui passa au cou une corde qu'il avait à la main, et l'étrangla.

Il sortit alors un moment pour prendre l'air. Pendant son absence, la fille Lavoitte traîna le corps de madame Pelletier derrière un tas de fagots, et pour être sûre qu'elle n'en reviendrait pas lui donna un énorme coup de poing sur la tempe.

Dessy revint un instant après, et les deux complices se mirent en devoir de transporter le cadavre.

Albert tint la tête, et Philomène Lavoitte les jambes. A la sortie de la cave, un premier arrêt; deuxième arrêt sur le petit sentier qui contourne les bâtiments. Là, selon la fille Lavoitte, elle aurait déclaré être à bout de forces et ne pouvoir aller plus loin. Dessy lui aurait dit :

— Marche donc, fainéante, quand on a commis un crime, on doit avoir le courage de tâcher de le cacher !

Ils arrivèrent enfin à la fenêtre extérieure d'une pièce où se fabriquait dans le temps la galette vendue aux promeneurs. En face de cette fenêtre se trouve un puits; Dessy ayant attaché sa corde sous les épaules de la morte, la descendit doucement dans la maison, pendant que Philomène passait à l'intérieur en faisant le tour du bâtiment.

Cela fait, Albert passa à son tour à l'intérieur, par l'imposte. La fille Lavoitte prit le cadavre par les pieds et posa les jambes sur la margelle.

Écoutons Dessy :

— J'avais, dit-il, assujetti la corde solidement autour des bras pour descendre madame Pelletier le plus doucement possible, car *j'ai l'habitude de respecter la mort*, et je l'ai descendue avec précaution.

Ici Philomène l'interrompit :

— Ce n'est pas vrai, messieurs, cette canaille-là ment; madame Pelletier s'était trouvée accrochée par ses jupons, au milieu du puits, ce cochon-là a eu la barbarie de lui jeter une pierre sur la tête pour la faire aller plus vite.

— Sale g..., vile menteuse! c'est elle, messieurs, qui disait : Mais dépêche-toi donc de f..... cette charogne-là à l'eau!

Et pendant tout le temps que dura l'interrogatoire, les deux accusés continuèrent à se disputer sur ce ton. Philomène surtout affecta le cynisme le plus complet.

Son récit fini, Albert offrit aux magistrats de leur montrer les lieux et de leur répéter sur place tout le drame. On se rendit dans la cave, où en effet il mima la scène, du commencement à la fin.

Une foule considérable assiégeait les abords de la Tour; ce que voyant, Philomène dit aux magistrats avec forfanterie :

— En voilà-t-y des gens qui me regardent, c'est donc bien curieux de voir une femme qu'on juge !

Puis, avec un sourire, comme s'il lui venait une bonne idée :

— Quand on va me raccourcir, reprit-elle, s'y a beaucoup de monde, je leur ferai une si vilaine grimace, qu'ils s'en souviendront pendant dix ans.

Au départ, les accusés ont été séparés. On a fait sortir Dessy du côté du Petit-Montrouge, Philomène Lavoitte par le village de Malakoff.

Loin d'être émue à la vue de la foule qui était sur son passage, Philomène n'a trouvé rien de plus joli que de faire d'atroces grimaces aux curieux.

Avant de quitter Montrouge, les magistrats ont pris des plans et des photographies de la scène et des lieux du crime.

CHAPITRE XX

L'EXPIATION

L'exécution d'Albert Dessy, tant de fois annoncée, et tant de fois démentie, a eu lieu le 25 octobre 1877.

Malgré le froid et la pluie qui menaçait, une foule considérable s'est rendue aux abords de la Roquette. Le dirons-nous? en dépit de l'horrible crime qu'il a commis, Albert avait rencontré une certaine sympathie dans le public. On n'oubliait pas qu'il était venu lui-même se livrer à la justice ; on eût voulu lui tenir compte de ses aveux ; on se rappelait son attitude digne, convenable, quoique un peu prétentieuse peut-être, à la cour d'assises, attitude qui contrastait si singulièrement avec la déplorable tenue et les excès de langage de sa complice. Enfin, les extraits de ses « Mémoires » publiés par le *Figaro* avaient intéressé les lecteurs, et — surtout en présence des retards apportés à l'exécution, — on se prenait à espérer la grâce.

Aussi l'annonce de l'exécution, répandue dans Paris, pendant la soirée, avait-elle amené un grand nombre de curieux sur le lieu du supplice. Dans le cercle réservé, il y avait beaucoup plus de monde que d'habitude. Il paraît que, dans certains journaux, on avait fait une distribution exagérée de cartes et de lettres de service... C'est la seule explication que nous puissions donner d'une affluence aussi considérable près de l'échafaud.

Bien que l'exécution ne dût avoir lieu qu'au jour, c'est-à-dire vers six heures et demie, il était à peine quatre heures quand est arrivé le fourgon de M. Roch, apportant les bois de justice. Le montage, que nous avons plusieurs fois déjà décrit, n'est ni long ni difficile : à quatre heures et demie la machine était prête à fonctionner.

C'était donc pour les assistants deux heures d'attente, deux longues heures, — par un froid glacial, sous le coup d'une émotion qui augmentait à chaque instant, quelques efforts qu'on fît pour s'en défendre. On causait du crime et du condamné; on se demandait quelle attitude il allait avoir, si sa fermeté et son calme étaient réels et tiendraient jusqu'au bout, ou bien s'il n'y avait là qu'une forfanterie qui tomberait devant l'échafaud. On se racontait que jusqu'au dernier moment le malheureux avait conservé de l'amour pour la misérable qui l'avait entraîné au crime. La veille, — saisi peut-être d'un pressentiment, — il avait demandé si on lui permettrait de la voir avant de mourir.

— C'est impossible, lui répondit le directeur.

— Impossible ? Pourquoi ? N'exauce-t-on pas la dernière prière d'un condamné ?

— Mais Philomène Lavoitte est déjà à Clermont...

— Ah !...

Et il baissa la tête avec découragement.

Seuls, quelques incidents, comme l'arrivée de la garde de Paris, ou celle des gendarmes, rompent la monotonie de l'attente. On remarque un autre détail : le fiacre habituel de l'abbé Crozes, — le légendaire 148, — n'est pas là. Il est remplacé par un coupé de grande remise.

Enfin, on se montre beaucoup un monsieur à tournure militaire et à moustaches grises, que, sur l'ordre de M. Ansard, les officiers de paix font pénétrer au centre du cercle, de façon qu'il ne perde pas un détail de ce qui va se passer. C'est, nous dit-on, le lieutenant-colonel Vincent, sous-chef de la police métropolitaine de Londres.

Six heures sonnent enfin ; M. Roch se promène de long en large, consultant sa montre, et hoche la tête d'un air satisfait. A lui aussi l'attente pèse.

— Il paraît qu'Albert va faire un discours... murmure quelqu'un.

— Quand on me l'aura donné, je me charge bien de l'en empêcher, riposte M. Roch avec son accent méridional.

Mais MM. Baron, commissaire de police, et Jacob, chef de la sûreté, entrent dans la prison. L'exécuteur et ses aides le suivent. M. le directeur Bauquesne, et M. Auroch, greffier du parquet, attendent dans le préau.

On se dirige vers la cellule d'Albert. On le trouve profondément endormi.

— Albert ! dit M. Bauquesne en lui touchant l'épaule.

Le condamné entr'ouvre les yeux, regarde vaguement autour de lui. Mais le sommeil le reprend et sa tête retombe sur l'oreiller.

— Voyons, Albert, il faut vous éveiller, reprend le directeur en le secouant doucement.

Cette fois, Albert sort de sa somnolence, et se met sur son séant, attendant qu'on lui annonce la fatale nouvelle qu'il pressent.

— Votre pourvoi a été rejeté, votre recours en grâce repoussé, il faut vous préparer à mourir. Du courage !...

Les yeux du condamné se dilatent un peu, puis il dit avec un grand calme :

— Oui, oui, allons-y !... Ayons du courage. J'avais pourtant bien envie de dormir, pour ma dernière nuit !...

Et, descendant de son lit, il se met à s'habiller.

Son pantalon passé, il aperçoit derrière le commissaire de police, le sous-brigadier des surveillants qui le regarde avec intérêt :

— Eh bien ! brigadier, dit-il, est-ce que la couleur s'en va?

Bien que le condamné fût très pâle, le sous-brigadier fit un signe négatif.

— C'est que j'ai la conscience nette au moment de paraître devant l'Éternel, reprit Albert, non sans une certaine emphase inhérente à sa nature. J'ai été franc pour me livrer à la justice, et je serai aussi franc pour mourir. Maintenant, il n'y a plus de pitié pour moi en ce monde ; je n'en implore que dans l'autre. Peut-être y en aura-t-il ?

On lui demande s'il a besoin de boire ou de manger. Il remercie et demande simplement la permission de fumer une cigarette.

Cette permission lui est accordée. Mais il n'en use qu'après avoir causé pendant dix minutes avec l'abbé Crozes. Alors il prend son tabac et son papier, roule une cigarette, l'allume et, comme on l'encourage de nouveau, il s'écrie :

— Le courage ne me manquera pas... Je dormais tout à l'heure du sommeil de l'innocence, je vais dormir maintenant du sommeil de l'éternité !...

Le moment est venu de se rendre au greffe pour les formalités d'écrou. Avant, il demande la permission d'embrasser le sous-brigadier et le surveillant qui l'ont gardé pendant son séjour à la Roquette.

— Vous avez été pour moi les meilleurs des citoyens, leur dit-il en les serrant dans ses bras ; donnez-moi le baiser de paix et d'adieu.

Et se tournant vers M. Jacob :

— Et vous, monsieur Jacob, reprend-il, consentirez-vous à me serrer la main ?

— Oui, mon ami, en souhaitant que le courage dont vous faites preuve ne se démente pas, répond le chef de la sûreté, visiblement ému.

Les formalités du greffe sont accomplies. M. Roch prend possession du condamné. Le contact de la corde avec laquelle on le ligotte fait passer un frisson par tout le corps du malheureux.

— Est-ce que je vous fais mal ? demande l'exécuteur.

— Non, s'écrie Albert en faisant un effort sur lui-même. D'ailleurs, il faut que je souffre beaucoup pour expier le mal que j'ai fait aux autres!...

Pendant qu'on achève la toilette, l'abbé Crozes lit un long factum qu'Albert a écrit la veille et qui est intitulé : *Mon Repentir*. C'est une espèce d'épilogue aux Mémoires qui ont été publiés. Le style en est assez diffus. Il est question de visions d'en haut, de la lutte des influences du bien et du mal, etc. Albert écoute cette lecture avec une certaine satisfaction. Puis il se lève de lui-même du tabouret où il est assis, prend une attitude solennelle, la tête haute, et dit très nettement :

— Je vous demande pardon, messieurs. Je demande pardon à tous ceux qui m'ont fait du mal et à qui j'ai pu en faire ! Marchons !

Le jour est venu. Les gendarmes ont le sabre en main ; on ouvre à deux battants la grande porte de la Roquette. Il est six heures vingt-trois minutes.

L'abbé Crozes marche à reculons devant Albert, essayant de lui masquer la guillotine. Mais les yeux du patient se lèvent, et machinalement, par-dessus la tête du vénérable aumônier, il cherche le couperet :

— Ne regardez pas !... murmure M. Roch qui voit le mouvement.

Mais il a vu et sa face pâlit, sa figure s'effare ; il continue à bien marcher néanmoins. Il embrasse longuement l'aumônier et hésite un quart de seconde...

— Allons, allons, allons ! dit encore M. Roch en le poussant vers l'échafaud.

Albert se raidit, et cambre ses reins en arrière, comme s'il allait résister. Peut-être, fidèle à sa nature théâtrale, veut-il faire le fameux discours

10.

annoncé. Mais il n'en a pas le temps. Les aides font un vigoureux effort et le plaquent sur la bascule...

— Seigneur, mon Dieu, pardonnez-moi ! s'écrie-t-il d'une voix vibrante.

La planche bascule. Bien que solidement maintenu, le patient fait encore un soubresaut : la chair se révolte... mais la lunette se rabat et le couteau tombe.

Et coïncidence étrange, juste à ce moment précis, comme par un coup de théâtre, commence la pluie...

Une minute après, le fourgon réservé au cadavre des condamnés était en route pour Ivry.

On s'est étonné de voir le peu de sang qui s'est écoulé à la suite de la section de la tête ; à peine les montants étaient-ils tachés de rouge.

On s'expliquera facilement ce phénomène en remarquant que le condamné loin d'être sanguin et pléthorique, était d'une nature excessivement nerveuse, et que son teint décoloré jusqu'à la lividité, prouvait que le peu de sang qu'il possédait avait reflué dans les parties intérieures du corps.

L'École de médecine avait réclamé le cadavre,

dans une demande adressée au préfet de police, qui s'était empressé d'y accéder.

Des professeurs s'étaient même réunis, à six heures et demie du matin, à l'École de médecine, pour faire des expériences sur le corps qui devait leur être livré vers sept heures.

Malheureusement, le commissaire de police n'ayant reçu aucune instruction à ce sujet, l'inhumation a été faite, comme d'ordinaire, au cimetière d'Ivry.

Disons cependant que, pour Albert, a été inaugurée une nouvelle mesure : les suppliciés étaient simplement jetés jusqu'à présent dans une fosse dont l'emplacement était bêché et retourné au bout de cinq ou six ans, alors qu'il ne restait presque aucune trace du cadavre.

La préfecture de police a décidé qu'à l'avenir une bière en sapin serait construite pour recevoir les restes des suppliciés.

CHAPITRE XXI

CORSINESCO

(Une exécution dans une maison centrale. — 4 janvier 1878)

Assister à une exécution à Melun, en plein mois de janvier, par dix degrés de froid, n'est certes pas une tâche agréable. Le dernier train qui part de Paris à onze heures dix minutes arrive dans le chef-lieu de Seine-et-Marne à minuit et demi. Or, comme en ce moment, le jour ne paraît qu'à sept heures et demie, ce déplacement représente sept mortelles heures d'attente qu'il nous a fallu endurer.

Faut-il rappeler le crime de Corsinesco ? Piémontais d'origine, venu à Paris chercher du travail, il se mêla dans un bal de barrière, à une querelle ; les couteaux furent tirés ; dans la bagarre, Corsinesco blessa un garde de Paris et fut condamné à cinq ans de réclusion. On l'envoya à Melun ; là, son caractère indocile eut de la peine à se plier à la discipline de la prison, et plusieurs fois il fallut sévir. Un seul être prit sur sa nature sauvage une influence toujours croissante, ce fut un autre détenu à l'allure féminine, un de ces êtres hybrides, produit de la corruption des grandes villes, et que, malheureusement, on trouve en assez grand nombre dans les agglomérations d'hommes, dans les bagnes, dans les prisons. Il se nommait Le Bigot, et était connu sous l'étrange et caractéristique surnom de la *Reine des Brosses* — à cause de l'atelier de brosserie auquel il était attaché. Bientôt l'amitié de Corsinesco pour Le Bigot devint une passion folle, jalouse, sanguinaire, italienne… Un jour, il crut s'apercevoir que son ami témoignait quelque préférence à un autre prisonnier, nommé Robin. A partir de ce jour, la mort de Robin fut résolue. Dans la nuit du 12 au 13 juillet, Corsinesco frappa son rival de trois coups de couteau.

Les hideux détails que révéla le procès ne laissèrent de place à aucune pitié. L'exécution de l'assassin était inévitable. Il ne se fit, du reste, aucune illusion, ni les autres détenus non plus. Une après-midi, voyant au milieu de la Cour d'honneur, des ouvriers qui creusaient une tranchée, l'un d'entre eux, enfreignant la règle qui ordonne le silence, s'écria presque malgré lui :

— C'est là qu'on va dresser la guillotine... Quelle veine ! Nous verrons l'affaire demain !

C'était tout simplement un bec de gaz qu'on réparait ; mais, pendant deux jours, « la population » — comme on dit dans la maison centrale pour désigner les détenus — ne dormit que d'un œil, impatiente de l'horrible fête qui lui était promise.

Mais le délai approchait. Le 3 janvier, les ordres étaient expédiés, et à une heure du matin, nous arrivions sur le quai de Courtille, un passage de trente mètres, compris entre la Seine et la grande porte de la maison centrale.

C'est là que devait se faire l'exécution. Régulièrement, le condamné eût dû être conduit à la prison de la ville et exécuté sur le lieu ordinaire des expiations, là où fut guillotiné en juin 1873, Servain, le parricide âgé de vingt ans. Mais Corsinesco appartenant au personnel des maisons centrales, on avait voulu que sa mort fût un exemple pour ses codétenus, et il avait été décidé qu'un certain nombre d'entre eux y assisteraient, sous bonne garde.

En attendant, la place était à peu près déserte. Seules deux femmes — les femmes ont de ces audaces ! ! — collaient au guichet de la grande porte un œil interrogateur. Peine inutile, tout dormait dans la prison...

Peu à peu, cependant, les curieux arrivent par groupes, et le quai se remplit. A trois heures, quand se montre le premier détachement de troupes, on a de la peine à évacuer la place. On sait dans Melun que M. Roch, arrivé à midi, est descendu à l'*Hôtel de la Ville de Meaux*; on sait qu'il doit, dans la nuit, aller chercher au chemin de fer son fourgon et l'amener sur le quai... On voudrait voir au moins monter l'instrument : impossible : les ordres sont formels ; les curieux en sont réduits à traverser la Seine et à aller se ranger sur le quai parallèle, où ils pourront tout à leur aise s'installer pour jouir du funèbre spectacle.

Cependant deux gamins, grimpés au faîte d'un peuplier, défient la force armée. On veut les débusquer de leur poste aérien... Menaces, conseils, avis... rien n'y fait. Plus on les engage à descendre, plus haut ils montent. On finit par y renoncer, et les polissons restent en possession de la place... ils l'ont bien gagnée, du reste : ils sont dans leur arbre depuis dix heures du soir, et pour profiter du coup d'œil, il faut qu'ils y restent jusqu'à huit heures du matin, dans le brouillard glacial qui monte du fleuve.

Quatre heures et demie sonnent. M. Roch arrive avec son fameux fourgon que, par un bizarre contraste, le grésil a couvert de perles qui scintillent à la lueur des lanternes. Il commence l'installation de son appareil. Nous avons déjà décrit cette installation. Nous n'y reviendrons que pour signaler un incident. Les aides placent les quatre traverses horizontales sur le pavé inégal, les calent avec beaucoup de peine et se préparent à dresser les montants, lorsqu'on fait observer à M. Roch que l'instrument sera beaucoup trop près de la porte d'entrée, sur le trottoir de laquelle on veut ranger les détenus. Il faut donc le reculer. M. Roch soupire et fait dresser le *bijou*, comme il dit, dix mètres plus loin. C'est un nouveau calage qui prend vingt bonnes minutes. Mais on a le temps... encore deux heures et demie nous séparent du moment fatal.

Sept heures : la cloche sonne le réveil et le départ pour les ateliers. Les réclusionnaires sortent un à un, en courant, et forment une file dans la cour d'honneur. Dans la pénombre du jour naissant, leurs casaques brunes se détachent vaguement... Il nous semble voir une tribu de grosses fourmis sortant de leur demeure. Ils se forment en ligne pour se rendre à leur travail. Mais ce n'est pas aux ateliers qu'ils vont. En travers de la cour sont deux haies de gardiens, le sabre au flanc, le fusil sur l'épaule. Les fusils sont chargés, la baïonnette est mise au canon, et les réclusionnaires se placent sur quatre files de cent de profondeur, entre les deux rangs de gardiens qui les surveillent.

Dans la première cour, la même mesure est prise. Mais ce sont les soldats du 1er hussards, de service dans la prison, qui forment la haie. Eux aussi ont le mousqueton chargé. Bien dangereuse serait une tentative de révolte dans ces conditions.

Enfin, devant la porte, en dehors de la prison, faisant face à la guillotine, cinquante détenus seulement sont placés vingt-cinq de chaque côté. Six gardiens armés les surveillent. Les troupes, infanterie, cavalerie et gendarmerie, forment le cercle.

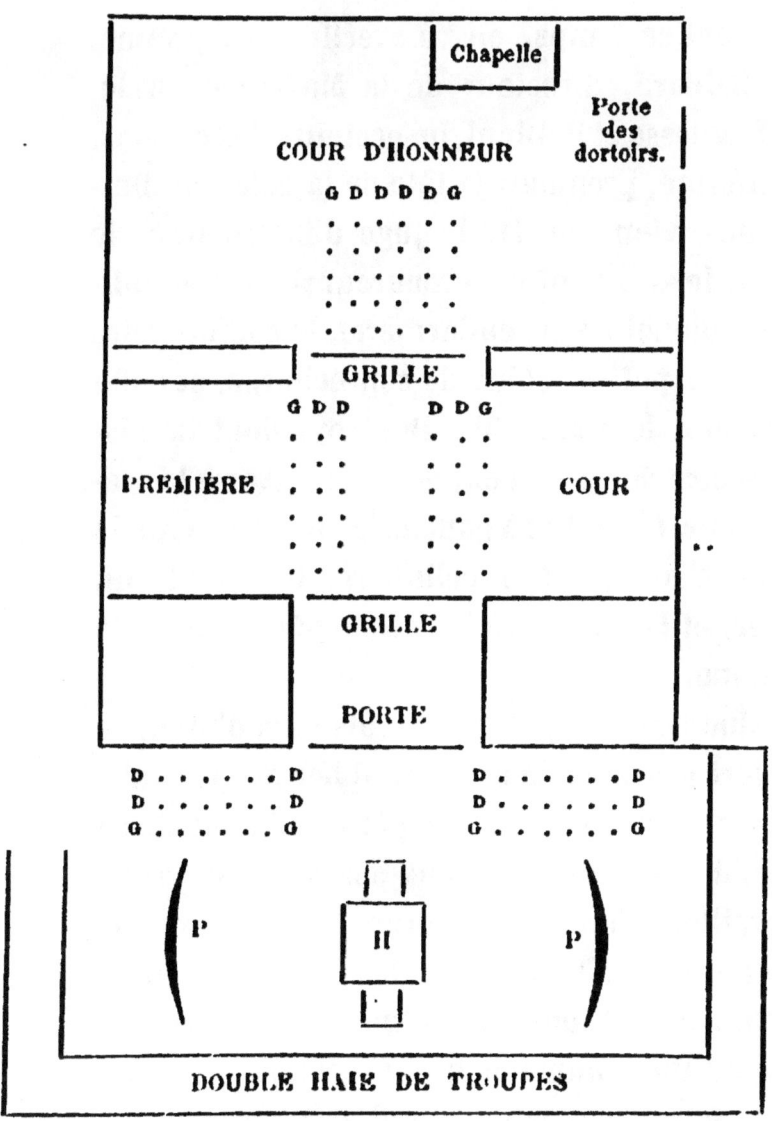

DD Rangées de détenus entre deux files de gardiens ou de hussards.
GG Gardiens.
H La guillotine.
P Journalistes, officiers, personnes autorisées à assister à l'exécution.

Pendant ce temps, on va avertir le condamné.

M. Saillard, directeur de la Maison centrale, MM. Laguesse et Bailleul, inspecteurs des prisons, en uniforme, prennent la tête de la colonne. Derrière eux viennent M. le juge d'instruction, le greffier, le substitut du procureur de la République, le colonel de la gendarmerie, le commissaire central de police, ceint de son écharpe, et enfin l'aumônier, le digne abbé Boutroy, dont la mission va être des plus pénibles. On traverse la première cour. On prend à gauche le chemin de ronde qui mène au quartier cellulaire. On monte un escalier, et l'on arrive à la cellule où se trouve le condamné.

Corsinesco est déjà levé. Depuis plus d'un mois il ne dort pas plus de six à sept heures par nuit. Il est assis sur un tabouret placé au fond de sa cellule. A ses côtés sont deux détenus chargés de le surveiller. L'un d'eux, borgne, de stature herculéenne, vêtu d'une espèce de souquenille blanche, a un aspect tout fantastique. C'est, paraît-il, pourtant, un homme à qui sa conduite exemplaire a fait accorder de grandes immunités, et en qui on peut avoir toute confiance.

M. le directeur Saillard entre le premier, et s'adressant à Corsinesco :

— Eh bien, mon pauvre garçon, lui dit-il d'une voix émue, M. le greffier vient vous annoncer que votre recours en grâce est rejeté. Voici le moment. Du courage !

— Du courage ? répond Corsinesco... Mais, j'en ai.

Le greffier commence alors sa lecture : « L'arrêt de la Cour d'assises de Seine-et-Marne, etc. » Le condamné l'écoute d'un air tranquille. Quand la lecture est terminée :

— Je reconnais bien avoir mérité mon sort, dit Corsinesco, mais, pourtant, bien sûr, je n'avais pas *prémédité!*

Il se lève. Ses compagnons de cellule veulent lui prendre les bras pour le conduire. Deux gardiens les écartent et soutiennent le condamné qui, entre eux deux, descend l'escalier conduisant au poste des gardiens de service.

Là, on le laisse seul avec l'abbé Boutroy. Le poste contient deux lits et un poêle allumé. Le condamné paraît éprouver un certain plaisir à la sensation de la chaleur. L'aumônier lui présente le crucifix. Corsinesco l'embrasse, puis comme, dans le mouvement, son béret est tombé à terre, il se penche tranquillement, le ramasse et le pose sur une des couchettes.

Puis il reporte son attention sur l'abbé Boutroy, qui récite les prières des agonisants. Les lèvres du condamné blêmissent, mais il ne parle pas.

— Voulez-vous prendre quelque chose, mon ami? demande avec intérêt le directeur. Avez-vous besoin de vous réconforter?

— Moi?... je n'ai besoin de rien. J'ai du courage... mais, voyez-vous, vrai! ce qui m'emb... c'est d'être condamné sur le témoignage de gens qui ne valent pas mieux que moi. Si encore c'étaient des honnêtes gens, ça me ferait moins de peine!...

— Que voulez-vous? il a bien fallu choisir les témoins parmi ceux avec qui vous viviez.

— C'est vrai; mais c'est égal... Enfin, il le faut. Je me soumettrai.

Cette scène se prolonge. On se demande comment M. Roch n'est pas déjà là? C'est qu'il s'est encore produit un incident bien minime, mais curieux à signaler. La plume qu'on lui a donnée pour signer le reçu du condamné, ne marque pas. M. Roch l'essuie sur sa manche, l'essaye de nouveau, et finit par en prendre une autre. C'est le meilleur moyen.

Cette hésitation a duré deux minutes, deux siècles pour ceux qui attendent.

M. Roch entre.

— Ôtez votre veste, mon garçon, dit-il au condamné d'un air bonhomme, ôtez-la ; vous la remettrez tout à l'heure.

Mais Corsinesco ne s'y trompe pas. Il était amateur d'exécutions, il en a vu, il sait comment cela se pratique.

— Oh ! dit-il, ma foi, au point où nous en sommes, vous pouvez bien faire ce que vous voudrez.

On enlève la veste du condamné, une veste marquée 21,621. Il a, dessous, un gilet, puis un tricot de laine brune. Il garde ces vêtements pour la toilette qui, du reste, se fait très rapidement.

On se met en marche pour la dernière étape. Sur le passage, M. l'inspecteur Bailleul, qui commande l'intérieur de la prison, ordonne : *Bérets bas!* et tous les réclusionnaires se découvrent. A la porte, M. l'inspecteur Laguesse fait aux détenus rangés le même commandement. Il est ponctuellement exécuté.

Tout à coup la face blême du condamné s'illumine d'un rictus cynique... il a aperçu au premier rang des détenus, son ami, celui pour qui il a commis son crime, la *Reine des Brosses*, Le Bigot! Ce n'est qu'un éclair, mais il suffit pour juger l'homme.

— Genou en terre ! commande M. Laguesse, et les réclusionnaires s'agenouillent, en même temps que les officiers du 113ᵉ de ligne font prendre le port d'armes à leurs soldats.

Non, jamais opposition ne fut plus nettement établie que celle des bonnes figures épanouies et franches des braves troupiers d'un côté, et des faces hâves, jaunes, parcheminées, suant le vice et la honte, des réclusionnaires de l'autre.

Mais qui songe à cela ? Corsinesco s'avance, porté, poussé par les aides et les gardiens. Il est ferme, pourtant. L'abbé Boutroy l'embrasse à deux reprises... Lui, alors, il secoue la tête à droite et à gauche. M. Roch l'enlève et le plaque sur la bascule.

La lunette s'abat un peu trop sur la large encolure du Piémontais. M. Roch rectifie, en un quart de seconde, le faux mouvement, et le couteau qui tombe tranche nettement la tête...

A ce moment, un cri étouffé se fait entendre. C'est Le Bigot qui vient de s'évanouir. On l'emporte dans la prison, où rentrent les détenus.

Et, dernier détail que nous n'avions encore jamais observé, les pulsations suprêmes du cœur, chassant le sang dans les artères carotides, lancent des jets rouges et fumants au delà du panier !

Mais, nous avons à peine le temps d'accorder un coup d'œil aux aides qui lavent le sang répandu à flots sur le pavé. Le corps est mis dans sa bière de sapin et porté au grand galop au cimetière. Et tandis que l'aumônier récite les dernières prières, nous regagnons le train qui nous ramène à Paris, brisé de fatigue et d'émotions.

CHAPITRE XXII

LE PARRICIDE LOUCHARD

(13 mars 1878.)

Au mois de mars 1877, un crime horrible était découvert dans un petit village de l'Eure.

Un berger, nommé Emmanuel-Modeste Louchard, âgé de vingt-sept ans, avait coupé sa mère en morceaux, avec une serpe aiguisée tout exprès, avait fait cuire la tête dans un four afin de la rendre méconnaissable, et avait enfoui les tronçons du cadavre au fond d'une marnière recouverte d'herbes et de branchages, espérant faire disparaître à jamais les traces de son horrible forfait.

Quelques jours après, et alors que la disparition

de la victime commençait à faire naître des soupçons, un paysan, ayant remarqué des traces sanglantes auprès de la marnière, ne craignit pas de descendre au fond de ce gouffre, qui a plus de quarante mètres de profondeur, et il en rapporta... un bras affreusement mutilé !...

Louchard, que, dans son village, on avait surnommé « *le méchant Louchard* », tant sa cruauté était proverbiale, fut arrêté, jugé, et, malgré ses dénégations, condamné à la peine de mort.

Comme homme il était peu intéressant. Mais son exécution présenta plusieurs particularités qui firent grand bruit.

C'est à ce titre que nous la reproduisons ici.

L'annonce de l'exécution avait été faite prématurément plusieurs fois. Aussi la ville d'Évreux était-elle tout en émoi. Chaque nuit, plusieurs centaines de personnes se rendaient à la plaine du Bel-Esbat, champ de manœuvre d'infanterie situé au sud-ouest de la ville, et lieu désigné pour l'exécution. C'est là qu'est mort, en 1861, Panceline, qui avait souillé et tué une enfant — comme Welker. C'est là qu'avait été fusillé, deux ans avant, le condamné militaire Jodon. C'est là que devait mourir le berger Louchard.

Cette fois on était certain qu'il n'y avait pas d'erreur possible. M. Roch était arrivé à six heures et s'était rendu à l'*Hôtel du Grand-Cerf*, où son dîner l'attendait. Il avait eu une entrevue avec le commissaire central, M. Legout, qui lui avait annoncé que le traditionnel panier d'osier ne remplirait pas cette fois son office, attendu que l'administration avait fait les frais d'une bière. On savait que M. Roch avait résisté, objectant la difficulté de faire tomber juste le corps, de la bascule dans cette bière étroite et basse; faisant remarquer l'horreur que pourrait causer une fausse manœuvre, si le tronc sanglant roulait à terre aux yeux de tous. On ajoutait qu'il n'avait cédé que devant un ordre formel...

On savait tout cela et la curiosité en avait redoublé. Non seulement d'Évreux, mais des environs, de cinq à six lieues à la ronde, les paysans étaient accourus et se disposaient à passer la nuit sur la place du Bel-Esbat.

Louchard, lui, était bien calme. Avec son intelligence épaisse et bornée, il était resté dans cette idée fixe que, n'ayant pas avoué, il ne pouvait être mis à mort. Imbu, comme beaucoup de gens, du préjugé que l'exécution de l'arrêt doit être accomplie dans les quarante jours, il avait compté les journées une à une, et, le 9 mars au soir, il avait eu un grand soupir de soulagement. — Je suis sauvé, s'était-il dit ; maintenant, je ne puis plus être guillotiné !... Bien mieux, on va me gracier, me gracier complétement, me remettre en liberté... Que j'ai bien fait de nier toujours !...

Et avec cette pensée consolante, son appétit, déjà formidable, avait redoublé. Il avalait à son repas jusqu'à six gamelles de soupe, la pitance de deux ou trois prisonniers ; et, comme cela ne lui suffisait pas encore, avec l'argent que lui avait donné sa famille, il achetait des suppléments à la cantine. Sa voracité stupéfiait tout le monde dans la prison.

A trois heures du matin, M. Roch, son gendre, M. Berger, et deux autres aides, partirent avec leur fourgon pour le Bel-Esbat. Arrivés là, ils se mirent en devoir de dresser la machine au milieu d'une foule sans cesse grossissante, que des piquets d'infanterie avaient peine à contenir, et qui attendait avec impatience le moment de l'expiation. On se montrait de loin la funèbre machine et, à côté, la bière — une boîte formée par six feuillards de peuplier, à peine dégrossis — qui avait causé le débat. Nous disons *de loin*, car le cercle avait été fait immense, et les ordres étaient donnés pour que personne ne pût le franchir. Les représentants de huit grands journaux parisiens, venus tout exprès à Évreux, ont rencontré eux-mêmes de très grandes difficultés auprès de M. le procureur de la République Lelu, qui donnait les consignes, et ne voulait faire — contrairement à l'usage — d'exception pour personne.

A cinq heures, le fourgon de M. Roch part pour la prison, distante de 600 mètres environ. On avertit Louchard. C'est inutile.

— Je le savais, dit-il.

En effet, il avait passé une épouvantable nuit, et à plusieurs reprises M. le docteur Buisson, appelé pour le soigner, avait craint une congestion cérébrale. Comment avait-il été prévenu ? Nous l'ignorons. Nous ne voulons reproduire que pour mémoire le bruit d'après lequel M. le procureur de la République, lui-même, serait allé le voir, dimanche soir, pour le préparer à l'idée de la mort. Cette révélation aurait causé une épouvantable commotion au malheureux, qui croyait à sa prochaine mise en liberté, et un quart d'heure auparavant parlait à son gardien de ses projets d'avenir et du plaisir qu'il aurait à revoir ses moutons et son chien. Nous le répétons, nous ne mentionnons cela que pour mémoire, n'osant croire à la réalité de cette aggravation de peine non prévue par la loi.

Quoi qu'il en soit, Louchard savait qu'il allait mourir, et ce fut les traits convulsés qu'il écouta les consolations de son confesseur, M. l'abbé Douin, vicaire de Saint-Thorin, aumônier de la prison.

On lui offre du café, de l'eau-de-vie; il refuse et ne prend qu'un peu d'eau sucrée. On le livre à M. Roch, qui le ligotte, et on le revêt de l'appareil des suppliciés. Le fourgon se met en marche juste au moment où les cloches des églises lancent dans l'air les joyeuses notes de l'*Angelus* qui, en cette terrible circonstance, résonnent à nos oreilles comme le tintement d'un glas funèbre.

Le fourgon s'arrête à cent mètres de l'échafaud...

Ici une note personnelle :

Cet épouvantable crime du parricide révolte tellement l'imagination, qu'Athènes et Solon n'avaient pas voulu le prévoir dans la loi, le croyant impossible. La réalité démontrant malheureusement le contraire, les codes des différents peuples cherchèrent les supplices les plus atroces pour le punir. Les Hébreux enfermaient le coupable dans un sac avec un coq, un chat et une vipère et le jetaient à la mer; les Égyptiens le lardaient avec des roseaux pointus; dans d'autres pays, on le brûlait vif. En France, autrefois, on lui coupait le poignet droit, et après avoir fait amende honorable, en chemise et pieds nus, il était rompu vif, brûlé et ses cendres étaient jetées au vent.

Le Code de 1810, abolissant la torture, maintint, pour les parricides seuls, la section du poignet, et dit qu'ils seraient conduits, pieds nus, en chemise, jusqu'à l'échafaud où, avant l'expiation suprême, leur arrêt serait lu au peuple. La loi de 1832, modifiant les articles du Code, supprima l'amputation du poignet, mais maintint toutes les autres dispositions.

Lors donc que les portes du fourgon se sont ouvertes pour livrer passage au parricide, nous nous attendions à un de ces spectacles imposants et terribles qui frappent l'imagination, et dont les tableaux et les récits d'autrefois nous donnent une idée... Nous avons vu apparaître un fantoche sinistrement grotesque et qui, n'eût été l'angoisse du moment, eût soulevé un universel éclat de rire. Gros, court, ventru, avec une tête énorme enfoncée dans son échine large, Louchard était vêtu d'un pantalon de velours-coton noir et d'un gilet pareil, sur lequel s'étalait une belle blouse bleue, lustrée, toute neuve. Sur ses épaules, une espèce de chemisette bien repassée, s'arrondissait comme un petit collet d'abbé; sur sa tête, un chiffon de crêpe noir, cachait aux deux tiers sa face imberbe, comme eût fait la garniture d'un masque de domino. On n'imagine rien d'écœurant comme ce grandiose appareil de la vindicte humaine et divine, transformé en carnaval de la guillotine!...

Cette impression ne fait que passer. La réflexion nous ramène à la situation poignante du moment. Louchard s'avance, traînant péniblement ses pieds nus sur la terre humide et glaciale. Deux aides le soutiennent par les bras. L'abbé Douin lui montre le crucifix et essaye, selon l'usage, de lui cacher le plus longtemps possible la vue du couperet... Ce n'est pas le couperet qu'il regarde en arrivant, c'est la bière.

Pendant qu'on lui retire son voile, sa chemisette, sa blouse et son gilet, un huissier — en paletot, cravate de couleur et chapeau rond, — lit l'arrêt : *En exécution du jugement rendu par la Cour d'assises de l'Eure le* 28 *janvier* 1878.,,

Louchard regarde toujours la bière. Il n'écoute pas, il ne regarde rien que cette bière qui l'attend béante et qui le fascine.

Au moment où l'huissier prononce ces mots : *A la peine de mort*, M. Roch empoigne le condamné et le plaque sur la planche qui bascule... là, un temps d'arrêt. Le patient a le cou si court qu'on ne trouve pas d'intervalle entre la tête et les épaules pour rabattre la lunette. Enfin, le couperet tombe, la tête est tranchée, et le tronc est jeté dans la bière...

Alors se passe un fait hideux : dans le mouvement de bascule, le patient a été un peu courbé en avant. Il a gardé cette posture; le corps est tombé dans la bière presque assis, de sorte que l'énorme plaie béante, émerge au dehors, lançant à plus d'un pied de hauteur quatre jets de sang qui retombent en cascade fumante...; c'est terrifiant !...

M. Roch et ses aides se précipitent. On couche, on arrange, on tasse le cadavre dans la bière, où il faut faire place pour la tête qu'on vient de sortir du grand seau. Ça y est enfin. On pose le couvercle, on le cloue, on pose le tout sur une petite charrette peinte en bleu d'azur et attelée d'un cheval blanc, qui part allègrement pour le cimetière.

Il est six heures douze minutes. Enfin, c'est fini!... Pour beaucoup des assistants, même les plus éloignés, il était temps.

Louchard n'avait que vingt-sept ans. Coïncidence étrange : c'est le 16 mars 1877 qu'il a commis son crime, c'est le 18 mars 1878 qu'il l'a expié.

A deux jours près l'anniversaire!

CHAPITRE XXIII

L'AFFAIRE DE LA RUE POLIVEAU

La Découverte du crime.

L'affaire de la rue Poliveau est une de celles où l'action utile de la presse s'est le mieux affirmée. D'un bout à l'autre de l'instruction, les journaux ont, en effet, aidé puissamment la justice dans ses recherches.

Le samedi, 6 avril 1878, j'étais au *Figaro*, étendu sur un canapé et souffrant atrocement d'une névralgie faciale, lorsqu'on m'annonça qu'une découverte analogue à celle de Clichy, avait été faite rue Poliveau.

Oubliant ma maladie, je sautai dans une voiture et j'arrivai à l'endroit désigné. La nouvelle était vraie. Dans une chambre de l'hôtel Jeanson, 42, rue Poliveau, on venait de trouver deux cuisses et deux bras humains. Le médecin amené par M. Poggi, commissaire de police, déclarait qu'à leur forme ronde, il reconnaissait les membres d'une femme.

Ces débris avaient été apportés là quinze jours auparavant par deux jeunes gens qui étaient venus louer la chambre et qui, depuis, n'avaient pas reparu. L'un d'eux était blond, l'autre brun. Celui-ci s'était fait inscrire sous le nom de : *Gérard Émile, âgé de vingt-six ans, étudiant arrivant de Blois — sans papiers.*

C'est en voulant ouvrir une armoire pour installer un nouveau locataire que M. Jeanson, le propriétaire de l'hôtel, avait trouvé les deux paquets contenant l'un les jambes, l'autre les bras, enveloppés de papier gris et de morceaux de chemise déchirée.

Le lendemain, cette nouvelle, publiée par le *Figaro*, fut l'objet de vives discussions. On cria fort contre le journaliste, empressé de voir des crimes partout et on me déclara net que les débris de la rue Poliveau étaient de simples pièces anatomiques, provenant évidemment de l'amphithéâtre de Clamart, situé tout à côté, dans la rue du Fer-à-Moulin. Des médecins même furent de cet avis. Mon prétendu crime n'était qu'une simple « fumisterie » d'étudiant.

Moi je maintins ma version d'un crime et j'eus la satisfaction de voir MM. les docteurs Bergeron, Delens, Brouardel, déclarer que la section des membres faite avec une visible inexpérience, certaines entailles ne pouvant provenir du scalpel d'un chirurgien, etc., éloignaient toute supposition de pièces anatomiques et donnaient lieu de croire à un meurtre comme celui de Billoir.

Du reste, avec une ténacité qui fait son éloge, M. le juge d'instruction Guillot déclara que, crime ou plaisanterie d'étudiant, il retrouverait les deux jeunes gens qui avaient apporté les membres à l'hôtel Jeanson.

En effet, il lança immédiatement le mandat suivant :

« *Mandat d'amener et signalement.*

» Nous, Adolphe Guillot, juge d'instruction près le tribunal de première instance de la Seine.

» Mandons à tous agents de la force publique d'amener devant nous un individu se nommant ou ayant pris le nom de Gérard (Émile), étudiant, se disant né à Blois (Loir-et-Cher), ayant une écriture ferme et un peu grosse, inculpé d'assassinat.

» Fait à Paris, le 8 avril 1878.

» Signé : ADOLPHE GUILLOT. »

De son côté, M. Jacob, chef du service de sûreté, envoyait la note suivante :

« Deux cuisses et deux bras de femme ont été trouvés dans une chambre d'hôtel, enveloppés dans un papier d'emballage noir goudronné, un jupon noir et dans trois chemises d'homme en cotonnade et à larges raies bleues et petites raies roses (toile Oxford), sans manchettes, rapiécées avec des morceaux blancs et marquées des initiales L. M., le tout lié avec de la ficelle et des bouts de guipure commune.

» Le bras porte un cautère pansé avec une feuille de lierre ; les mains sont ridées et calleuses.

» Prière de prescrire les recherches les plus actives, de signaler le nom des femmes disparues depuis une quinzaine de jours, et la découverte qui serait faite de débris de cadavres.

» Faire circuler par la gendarmerie le présent avis dans toutes les communes.

» Le signalement de la victime devra être communiqué immédiatement à la presse. »

Enfin, les débris et tout ce qui les enveloppait

fut exposé à la Morgue. Comme dans l'affaire Billoir, le défilé des fausses pistes commença aussitôt.

Il y eut d'abord un pâtissier de Clamecy, M. Guyrard, qui crut reconnaître sa femme.

Puis un sieur B..., rue Stephenson, qui voulut également que la victime fût sa femme, Florentine, cuisinière à Bicêtre.

Ces deux déclarations furent reconnues erronées.

Pendant qu'on les vérifiait, voilà que tout à coup on arrête Émile Gérard !

En effet, quelques jours avant le crime une jeune femme blonde venait louer une chambre rue du Bouloi, à l'*Hôtel de France et de Hollande*. Elle se fit inscrire sous le nom de Louise Rivers et partit le soir même en annonçant qu'elle reviendrait le lendemain avec ses malles. Le lendemain, elle revint sans ses malles mais, avec un monsieur de petite taille, bien mis, portant toute sa barbe, et qui se fit appeler Émile Gérard.

Louise Rivers et Émile Gérard revinrent encore le lendemain, puis on ne les revit plus. Le dimanche, 14 avril, elle se présenta de nouveau à l'hôtel, on l'arrêta immédiatement. Cette femme ne se nommait pas Rivers, mais bien Didier. Le même jour, le soir, Émile Gérard fut aperçu rôdant dans le quartier. Les agents, prévenus immédiatement, allèrent à lui et le saisirent par le dos; mais celui-ci, d'un vigoureux coup de reins, s'en débarrassa et prit la fuite; cependant il fut arrêté quelques instants après et conduit chez le commissaire de police.

Là on découvrit qu'il ne s'appelait pas Émile Gérard mais Bernard, et, confronté avec la maîtresse d'hôtel de la rue Poliveau, il ne fut pas reconnu par elle. Cet individu, qui était garçon d'hôtel, habitait rue Mandar avec une jeune femme brune, son épouse légitime. Le malheureux avait pris un faux nom pour aller en bonne fortune et cette précaution l'avait conduit à Mazas.

Il fut relâché, mais quelle scène à sa rentrée à la maison!

Cette aventure, quelque drôle qu'elle fût, fut encore dépassée par une autre.

En effet quelques jours plus tard, on lisait dans la *Petite Presse* le récit suivant, orné d'un gros titre.

Une piste. — Les deux assassins dans la rue Poliveau. — Où est le cocher?

« Jeudi, à six heures moins vingt minutes, une voiture de place attelée d'un cheval gris pommelé s'arrêta devant le marchand de vin débit de tabac de madame Noël, 39, rue Poliveau, presque en face de l'hôtel Jeanson.

» Deux individus descendirent du fiacre et entrèrent au bureau de tabac :

» Ces deux individus s'achetèrent deux cigares de 25 centimes.

» Madame Noël a remarqué l'air préoccupé de ces deux jeunes gens et elle affirme avoir entendu le plus petit dire très bas :

» — Nous avons pris des cigares ici le jour où nous avons apporté les membres.

» Puis ils sortirent précipitamment et remontèrent en voiture.

» L'un des deux, le plus petit, était proprement vêtu, pardessus court, jaquette noire, pantalon brun, chapeau haute forme. Il était très brun, avait l'air vif, remuant, ne tenait pas en place.

» L'autre, plus grand, coiffé d'un petit chapeau, vêtu de brun également et d'une sorte d'*ulster*, portait une forte moustache blond roux ».

» Madame Noël fut tellement stupéfaite de ce qu'elle venait d'entendre, qu'elle laissa partir les deux *misérables*. Ce ne fut que quand le fiacre les eut emmenés qu'elle songea à avertir les agents de la sûreté qui attendent dans la rue Poliveau le retour du criminel sur le lieu où le crime n'a pas été commis.

» Les agents firent diligence, mais ne purent rejoindre le cheval de fiacre. La proie leur a échappé.

» Le cocher, à l'heure tardive (minuit et demi) où nous

écrivons, doit être retrouvé et doit avoir fait sa déclaration devant M. Clément.

» Les individus ne sont pas encore arrêtés, mais déjà les soupçons deviennent des certitudes, le réseau des recherches se resserre, et demain probablement la préfecture tiendra les coupables à sa merci. Dès lors, elle agira avec plus de lenteur, afin de saisir les complices, et, d'un seul coup, dénouer cette lugubre trame.

» Nous faisons donc appel à tous pour fournir à la préfecture les renseignements qui portent sur les faits que nous avons indiqués. La rue Poliveau est une rue perdue et le fait d'avoir conduit et arrêté les deux individus devant le bureau de tabac de M. Noël doit avoir frappé les cochers. »

Or pendant ce temps, les deux hommes qui avaient causé tout ce tumulte, étaient bien tranquilles dans leurs bureaux.

C'étaient en effet deux journalistes, MM. Monréal du *Nouveau Journal* et Friedlander du *Petit Parisien*.

Ils étaient allés visiter la maison et étaient entrés ensuite acheter un cigare chez madame Noël. Encore sous l'impression du récit du propriétaire de l'hôtel, l'un d'eux avait dit à son compagnon :

— Et dire qu'ils sont peut-être venus ici, acheter des cigares avant de déposer leurs paquets.

De ce mot, mal entendu, venait toute l'histoire.

Cependant le moment arrivait où la victime allait être connue, et voilà comment.

Il y a à la *Liberté* un reporter nommé Peyrocave. C'est un Méridional, très brun, très bruyant et très remuant, pourvu d'un entêtement sans égal et d'une persévérance sans bornes.

Peyrocave avait fourré dans sa cervelle de découvrir l'identité de la victime. Il se mit, concurremment avec la police, à passer en revue toutes les femmes disparues et la chance fit qu'il arriva premier.

En effet, parmi ces femmes disparues était une femme Gillet, laitière, demeurant, 8, rue de Paradis-Poissonnière. En prenant des renseignements sur cette femme, Peyrocave apprit qu'elle avait disparu le 23 mars, c'est-à-dire à peu près à l'époque où on avait apporté les membres rue Poliveau. De plus, une de ses payses et amies, madame Grand, loueuse de voitures rue Grange-aux-Belles, lui apprit que la mère Gillet avait un cautère au bras...

C'était bien cela...

M. et madame Grand, convaincus que la victime n'était autre que leur amie, se rendirent rue

Paradis-Poissonnière ; après les renseignements qui leur furent donnés par M. Leroux, concierge de ladite maison, ils se dirigèrent vers la Morgue ; mais il était trop tard, les portes étaient fermées ; ils se rendirent chez M. Jacob, chef de la sûreté, à qui ils donnèrent des détails très précis sur la mère Gillet. Ils parlèrent du cautère que madame Grand déclara à M. Jacob avoir plusieurs fois soigné. Quelques années avant, en travaillant comme apprêteuse de châles, le pouce de la main gauche de la mère Gillet avait été écrasé, ce qui avait nécessité l'application d'un cautère au bras gauche.

M. Clément, commissaire aux délégations judiciaires, et M. Guillot, juge d'instruction, qu'on avait envoyé chercher, reçurent ces dépositions, et lorsqu'on présenta à madame Grand les membres coupés, elles les reconnut, ainsi que l'endroit où le cautère avait été placé ; madame Grand reconnut aussi le jupon pour être celui que la mère Gillet portait ordinairement.

Plusieurs autres habitants de la maison furent du même avis. La victime était donc reconnue.

Mais quel était l'assassin ?

CHAPITRE XXIV

LES ASSASSINS

Dès le premier moment, la justice s'égara sur une fausse piste.

L'enquête avait établi que la mère Gillet avait une conduite très légère; ses connaissances *intimes* étaient assez nombreuses.

En 1875, elle avait eu pour amant un concierge du boulevard de Strasbourg. Aujourd'hui, cet individu, qui est marié, habite Montmartre. Elle avait eu également des relations avec un saltimbanque-lutteur dont elle avait fait la connaissance, trois ans avant, au champ de foire de la place du Trône, et qui était venu plusieurs fois lui rendre visite. Un troisième, celui-là âgé de 65 ans, cultivateur aux environs de Sannois, venaît aussi la voir de temps en temps. Enfin, une voisine, madame Baron, qui lui lisait ses lettres, — car la mère Gillet savait à peine épeler — déclara qu'elle avait reçu une lettre l'invitant à dîner à Belleville, rue Jouye-Rouve, le 23, chez un cordonnier nommé Herbelot.

Herbelot fut arrêté. Avec lui un nommé Robert, âgé de trente-cinq ans, garçon marchand de vin, sans domicile. Enfin on se mit à chercher un sieur Deruel, agent d'affaires, qui, disait-on, avait vendu autrefois des titres à madame Gillet.

Mais ni Robert, ni Herbelot ne furent reconnus par madame Jeanson. Quant à Deruel, on cessa vite de s'occuper de lui. Une autre piste surgissait.

On avait appris en effet que, quelques jours avant sa mort, la veuve Gillet avait été en relations avec un jeune homme tout petit et très brun, qui s'occupait d'affaires financières et qui avait disparu du quartier, quelques jours après sa mort.

Cet homme, était Barré, qui avait été mis en relations d'affaires avec madame Gillet par une voisine, madame Seurin, somnambule et directrice d'un bureau de placement. Il habitait, 3 rue

Rochebrune, au square Parmentier, à deux pas de M. Roch.

Une descente de police eut lieu rue Rochebrune. Barré n'était pas chez lui. Il arriva, monta tranquillement, ouvrit sa porte et se trouva en présence de MM. Guillot et Clément, commissaire aux délégations judiciaires.

Il nia naturellement. Mais il fut emmené au Dépôt.

Voici son histoire :

Barré habitait Paris depuis quatre ans. Il était né à Angers et était le fils unique d'un grand marchand de bois de cette ville. Lorsqu'il quitta Angers, il partit en compagnie de sa maîtresse, dont il avait une enfant, placée chez une vieille femme. Quelque temps après son arrivée dans la capitale, Aimé Barré entra en qualité de quatrième clerc chez M⁰ Dardevilliers, notaire, n° 14, rue Thévenot.

Dans cette étude, était employé comme garçon de recettes, un nommé Demol, ancien gendarme retraité, décoré de la médaille militaire et qui est encore actuellement concierge au n° 23 de la rue Monge. C'est lui qui faisait d'ordinaire les commissions particulières de Barré. Au mois de juin dernier, Barré quitta l'étude de M⁰ Dardevilliers pour entrer dans celle de M. Prudhon, rue Gaillon, en qualité de troisième clerc; mais il n'y resta que jusqu'au mois de septembre, époque à laquelle il reçut de son père une somme de *trois mille francs*, qui lui servirent à acheter des meubles pour ouvrir un cabinet d'affaires, 61, rue d'Hauteville, au 2ᵉ sur la cour et dont il payait le local huit cents francs par an. C'est madame Seuvin, dont nous avons déjà parlé, qui vint retenir cet appartement.

Le 8 janvier, Barré quitta son bureau de la rue d'Hauteville et, ainsi que nous l'avons dit, alla s'installer plus modestement 8, rue Rochebrune. Du jour où il abandonna le notariat, Aimé Barré s'occupa de ces affaires de Bourse qu'on nomme vulgairement « tripotages ». Dans ses divers changements de locaux et de profession, Barré n'avait pas perdu de vue le concierge Demol, qui lui faisait toujours ses commissions.

Au mois d'octobre 1877, Barré chargea M. Dubreuil, changeur, rue Saint-Martin, de lui faire une opération de Bourse. L'opération ne réussit pas au gré du désir de Barré, qui perdit une somme de 400 francs pour laquelle le changeur le fit poursuivre. Se voyant sur le point d'être saisi, l'ancien clerc de notaire chargea Demol, *le* 25 *mars* suivant, de porter à M. Dubreuil, pour les vendre, trois actions d'Orléans, sur lesquelles M. Dubreuil retint la somme qui lui était due et dont il remit la différence — 212 fr. — à son client.

Le 30 mars, Demol fut chargé par Barré d'aller toucher, chez M. Roussel, agent de change, 8, rue Louvois, une somme de 3,225 francs, et enfin, le mardi 31 mars, son même commissionnaire lui remettait chez madame Andrée, tenant une table d'hôte, 16, rue Thévenot, une somme de 416 fr., qu'il avait été chercher pour son compte chez M. Kauffmann, banquier, rue Dalayrac.

Le 30 mars, après que Demol eut remis à Barré la somme touchée chez M. Roussel, Barré l'emmena en voiture, à la tombée de la nuit, chez un de ses amis, étudiant en médecine, et demeurant au quartier latin, dans une vieille rue voisine du Panthéon; un ami de collège, et qui auparavant habitait avec lui rue Grange-aux-Belles, 35. Demol l'attendit vingt minutes à la porte. En descendant, Barré lui dit : « Je vous ai fait *poser*, mon pauvre
» Demol; mais mon ami avait tellement de tra-
» vail, que j'ai été obligé d'attendre qu'il fût libre
» un moment. Vous ne pouvez pas vous douter
» du nombre de membres humains sur lesquels

» il opère, et ce qui peut vous paraître étonnant,
» c'est que sa maîtresse, qui habite avec lui, n'en
» est pas effrayée. »

Le 4 avril, Barré, accompagné de Demol, est allé au Temple acheter une petite malle en bois noir dite chapellière, de quarante à cinquante centimètres de hauteur, qu'il a payée quatre francs. « C'est, dit-il à Barré, pour envoyer des vêtements à ma maîtresse d'Angers. »

Jusqu'au dimanche 24 mars, Barré était excessivement gêné, à tel point qu'il avait, par sommes de 10 et 20 francs, emprunté 120 francs à Demol, son commissionnaire. Le 24 au soir, Barré est arrivé dans la loge de celui-ci, 33, rue Monge, et a remis à sa femme six pièces d'or de vingt francs.

Cependant, lorsque les journaux eurent signalé la lugubre découverte des bras et des jambes de madame Gillet, et que l'identité de la victime eut été constatée, Demol porta ses soupçons sur Barré, et il alla faire sa déclaration à la préfecture.

M. Guillot, juge d'instruction, interrogea le témoin et partagea bientôt ses présomptions.

C'est alors qu'il fit arrêter Barré à son domicile, rue Rochebrune.

Barré nia, nous l'avons dit.

On le mit en présence de madame Jeanson, la propriétaire de l'hôtel de la rue Poliveau.

Elle ne le reconnut pas.

Mais l'opinion du magistrat était faite déjà, et bientôt elle allait être confirmée encore.

Madame Gillet, la victime, possédait, nous l'avons dit, une petite fortune en actions, une vingtaine de mille francs.

Les renseignements recueillis dans son voisinage avaient permis de connaître quelques-uns des numéros de ces valeurs, et M. Guillot s'était empressé de transmettre à tous les agents de change une circulaire confidentielle par laquelle il les priait de l'avertir dans le cas où l'un de ces titres leur serait communiqué.

Cette communication ne produisit aucun résultat, mais Demol, interrogé de nouveau, donna les numéros des actions qu'il avait vendues.

Le doute n'était plus permis.

Le juge fit mander Barré en son cabinet.

Le prisonnier ne put s'empêcher de manifester son trouble lorsque M. Guillot lui fit part des nombreux détails qu'il avait recueillis.

Il déclara alors que madame Gillet lui avait remis des valeurs, qu'il s'en était emparé, qu'il les avait négociées, mais qu'il ignorait ce que sa *cliente* était devenue depuis lors.

Rien ne put le contraindre à se départir de ce système de défense.

Le lendemain, le juge d'instruction eut un nouvel entretien avec lui.

Barré hésitait à répondre ; il était plus troublé encore que la veille.

— Eh bien ! oui, dit-il tout à coup, mais je ne suis pas seul, j'ai été poussé par un complice.

— Voulez-vous me dire son nom?

— Oui ; puisque je suis perdu, je ne veux pas l'être seul. Il se nomme Lebiez.

— Et où habite-t-il?

— Dans le quartier latin.

— Près de la rue Poliveau?

— Oui, près la rue Poliveau, rue des Fossés-Saint-Jacques, dans un hôtel.

— Quelle est sa profession?

— Préparateur au Jardin des Plantes.

— Il est médecin?

— Étudiant, oui. C'est lui qui a fait la dissection.

— Vous l'avez aidé?

— Non.

— Mais vous êtes allé avec lui rue Poliveau?

C'est vous qui avez inscrit sur une carte le nom d'Émile Gérard?

— C'est moi.

— Où avez-vous caché le corps de madame Gillet?

— Dans une malle.

— Celle que vous avez fait acheter par Demol?

— Oui, et nous l'avons expédiée au Mans.

— Pourquoi?

— Nous comptions nous y rendre nous-mêmes, et disséminer les restes de la victime.

— A quelle adresse l'avez-vous envoyée?

— En gare.

Une heure après cet interrogatoire, qui semblait avoir causé à Barré une très vive émotion, MM. Jacob, chef de la sûreté, et Clément, commissaire de police aux délégations judiciaires, se rendirent au Mans.

Au dépôt des bagages, on leur désigna une malle et une caisse qui se trouvaient là depuis quelques jours.

Plusieurs fois déjà on avait remarqué qu'une odeur assez forte s'exhalait de l'un des colis, mais on ne fit pas attention à cette particularité, qu'on attribuait à la décomposition d'un corps gras quelconque. MM. Clément et Jacob procédèrent à l'ouverture de la caisse, dans laquelle on ne trouva rien d'anormal, puis on ouvrit la malle.

Après avoir enlevé quelques linges et effets, on découvrit une tête humaine à moitié décomposée et reposant entre deux jambes encore chaussées de bottines.

En enlevant le compartiment qui contenait ces membres mutilés on trouva au-dessous le tronc du corps de la malheureuse femme Gillet.

Les constatations ne laissèrent plus aucun doute sur l'identité de la victime.

Une dépêche chiffrée annonça le soir même à M. Guillot l'importante découverte qui venait d'être faite.

Lebiez fut arrêté le dimanche 21 avril rue et hôtel des Fossés-Saint-Jacques, ainsi que l'avait dit Barré.

Lebiez était très aimé rue des Fossés-Saint-Jacques. Les propriétaires de l'hôtel, deux jours plus tard, ne voulaient pas encore croire à sa culpabilité.

Elle était cependant établie par des aveux complets.

Voici dans quelles conditions le crime avait été commis :

La femme Gillet avait pour client Barré, auquel elle portait du lait chaque matin.

En causant un jour, la femme Gillet fit connaître à son client qu'elle se trouvait momentanément gênée, et qu'elle aurait l'intention de faire négocier des valeurs lui appartenant.

Barré, dont nous avons déjà signalé l'état précaire, s'offrit immédiatement comme intermédiaire; mais la laitière, méfiante, se refusa à livrer ses titres.

Ce fut alors que Barré conçut la pensée de s'approprier les valeurs au moyen d'un crime.

Il fit part de son horrible projet à son ami Lebiez, qui accepta sa participation au crime. Le surlendemain du jour où l'assassinat avait été arrêté, c'est-à-dire le 21 mars, la femme Gillet se présenta comme à l'ordinaire dans le logement que Barré occupait rue Hauteville, 61.

A peine la malheureuse femme était-elle entrée, que la porte fut refermée par les assassins et que la victime, frappée derrière la tête d'un coup de marteau, tomba sur le sol carrelé.

La mort ne venant pas assez vite, Lebiez s'arma d'un grattoir et en porta plusieurs coups à la femme Gillet.

Deux de ces blessures faites dans la région du cœur devaient être mortelles.

Une fois le crime accompli, Barré s'empara de la clé du logement de la femme Gillet et alla avec une audace inouïe chercher les valeurs, qu'il négocia aussitôt chez divers banquiers de Paris.

Restait à faire disparaître le cadavre; les deux assassins accomplirent leur sinistre besogne dans la nuit et la journée du lendemain. Puis, après avoir entouré les bras et les jambes de la victime, de linges et de papier, ils se rendirent chez madame Jeanson, tenant un hôtel rue Poliveau, où ils abandonnèrent, comme on le sait, une partie des restes de leur victime.

Ce n'est que deux jours après que la tête et le tronc de la femme Gillet furent transportés à la gare Montparnasse.

Le lundi à deux heures, Barré et Lebiez furent confrontés à la Morgue avec la dépouille de celle qu'ils avaient assassinée.

Devant les débris humains, Barré resta atterré et renouvela ses aveux. Lebiez, qui jusqu'alors avait cherché à nier sa participation au crime et en rejetait toute la responsabilité sur son complice, fut contraint d'avouer à son tour.

Mais en sortant, ils se remirent et c'est une cigarette à la bouche, que Lebiez remonta dans le fiacre qui devait le ramener à Mazas.

Lebiez, du reste, était un sceptique, un cynique même; un seul fait le prouvera. En effet, le 12 avril, *c'est-à-dire très peu de temps après l'assassinat de la femme Gillet*, ce jeune homme avait fait, rue d'Arras, une conférence publique sur le « darwinisme et l'Église », fait qui témoigne chez son auteur d'une liberté d'esprit bien surprenante dans de si terribles circonstances.

De plus, il avait dû aller plusieurs fois, depuis le crime, à la préfecture de police, car il était le gérant du *Père Duchêne*, un journal radical qui devait paraître dans quelques jours et dont le rédacteur en chef était M. Hippolyte Buffenoir.

Je ne suivrai pas l'instruction plus loin. La maîtresse de Barré, celle de Lebiez furent arrêtées, puis reconnues innocentes. Qu'il me suffise de dire que le 20 juillet, ils furent condamnés à mort.

Leur exécution fut la dernière que M. Roch fit à Paris.

CHAPITRE XXV

EXÉCUTION DE BARRÉ ET LEBIEZ

(7 septembre 1878)

En me rendant à cette exécution dont l'annonce faisait un bruit énorme dans Paris, je me demandais quelle serait la note dominante.

Pour Moreau, cette note avait été la surprise causée par son cri d'innocence *in extremis;* pour Billoir, c'était un mélange de pitié et de sympathie devant ce courage de vieux soldat qui ne l'avait pas abandonné; pour Welker, c'était le dégoût de la lâcheté dans l'expiation, comme dans le crime; pour Roux, à Versailles, le soleil du printemps se levant sur l'agonie d'un adolescent; pour Corsinesco, à Melun, le tableau de la maison centrale, agenouillée devant l'échafaud ; pour Albert, la jactance; pour le parricide Louchard, la défaillance de la brute...

Pour Barré et Lebiez, la note dominante c'est le scandale qui s'est fait autour de leur exécution.

Il n'y a pas eu peut-être — depuis le 24 mars 1843, jour où les masques, revenant de la Courtille, vinrent entourer l'échafaud de Norbert et Depré, — il n'y a pas eu, disons-nous, d'exécution accomplie dans des conditions pareilles.

Plusieurs journaux avaient eu le tort grave d'annoncer à l'avance le moment précis de l'exécution. La foule, avide de spectacle à frissons, était accourue.

Tout le high-life des boulevards extérieurs, toute la fine fleur des bastringues de barrières, toutes les casquettes de soie qu'on voit rôder le soir autour des brasseries du Faubourg-Montmartre étaient accourus et avaient conquis le premier rang.

En revanche, quand arrivèrent les journalistes, porteurs des cartes de circulation délivrées par M. Albert Gigot, préfet de police, l'officier de la garde républicaine qui commandait le détachement, les fit recevoir à coups de crosse...

Cet état de choses déplorable a duré jusqu'à l'arrivée de M. Ansart, chef de la police municipale, qui a été le *quos ego* dans ce tumulte. Entouré par les journalistes qui accouraient lui exposer leurs réclamations, M. Ansart a immédiatement pris les mesures nécessaires pour les satisfaire; tout le monde a été bientôt placé de façon à bien voir.

C'est alors qu'on a remarqué l'intelligente modification récemment apportée à la guillotine. Lors de la double exécution de Moreau et de Boudas, nous avions vu ce dernier pâlir et défaillir à l'aspect du couperet teint, — malgré les lavages — du sang de son prédécesseur. Même pour les exécutions ordinaires, les yeux du patient étaient invinciblement attirés par l'acier, qui brillait aux premières lueurs du jour... Maintenant on a placé en haut, entre les deux bras, un panneau de bois brun-rouge, qui masque le couteau.

Un autre perfectionnement a été aussi inauguré. Tout le monde a remarqué l'atténuation de cet épouvantable bruit du couteau qui tombe. C'est à peine si on l'a entendu. Cela tient à ce que le ressort à boudin sur lequel s'opère la chute a été remplacé par un ressort en caoutchouc, qui rend le choc beaucoup plus sourd.

Mais le jour est venu. Le moment fatal approche. MM. Baron, commissaire de police; Jacob, chef de la sûreté; Bauquesne, directeur de la Roquette, et Barret, greffier de la Cour d'appel, se rendent au fond de la prison, dans les deux cellules 1 et 3 qui se font face.

Les deux condamnés (devant être amenés ensemble au supplice, M. l'abbé Latour, aumônier de la Petite-Roquette, est venu prêter son concours au vénérable abbé Crozes.

On pénètre dans la cellule de Barré.

Il s'était couché de bonne heure et sommeillait à peine. L'éclat de la lumière lui fait ouvrir les yeux.

— Aimé-Thomas Barré, dit M. Bauquesne, votre pourvoi en cassation a été rejeté, votre recours en grâce repoussé; du courage!

Un tressaillement nerveux secoue tous les membres de Barré, comme s'il avait reçu la décharge d'une batterie électrique. Il ne répond rien et se met à s'habiller d'un air égaré.

Quand il a passé son pantalon, il demande si on ne pourrait pas lui donner un peu de vin. Le brigadier-chef des surveillants s'empresse de lui en apporter un verre, qu'il avale d'un trait. Les couleurs reviennent à ses pommettes pâles.

— Maintenant, murmure-t-il, je fumerais bien une cigarette.

On lui en donne une toute faite. Il l'allume et se met à examiner des papiers placés dans le tiroir de la table en bois blanc qui meuble sa cellule. Il les compulse lentement — en apparence pour y faire un choix — en réalité, c'est visible, pour gagner du temps.

Au bout d'un instant, cependant, il se décide à remettre à M. Bauquesne une lettre; puis il donne ce qui lui reste d'argent à M. l'abbé Crozes.

— Vous savez pour qui c'est, n'est-ce pas? lui dit-il. L'abbé Crozes fait un signe affirmatif. Alors Barré demande à rester un instant seul avec l'aumônier. On accède à ses désirs, et on passe dans la cellule de Lebiez.

Lebiez avait joué aux cartes jusqu'à deux heures du matin. Puis il avait pris un livre — *l'Histoire des Navigateurs* — et avait lu jusqu'à trois heures...

Il y avait à peine deux heures qu'accablé par la fatigue, il s'était endormi.

— Lebiez!... dit M. Bauquesne.

Lebiez ne bouge pas. Il faut qu'on le secoue pour le tirer du sommeil de plomb dans lequel il est plongé.

— Ah ! ah ! ah ! dit-il, sur trois tons différents en se mettant sur son séant et regardant les assistants.

Le directeur prononce la formule usitée. Lebiez saute à bas du lit, s'habille rapidement et se met, lui aussi, à ranger ses papiers.

— Voulez-vous fumer, voulez-vous un peu de vin ? lui demande-t-on.

— Non, rien, merci.

En relevant la tête, il aperçoit l'abbé Latour, il lui fait signe de s'approcher et l'embrasse à plusieurs reprises. Puis, comme il voit l'abbé Crozes qui arrive avec Barré, se dirigeant vers le greffe :

— Et vous aussi, mon bon monsieur Crozes, dit-il.

Et il l'embrasse sur les deux joues.

Barré passe, fumant machinalement sa cigarette, qu'il a rallumée deux fois pendant son entretien avec l'aumônier. Il arrive au greffe, où les formalités d'écrou sont accomplies.

On le livre à M. Roch pour la toilette. Comme l'exécuteur veut le ligotter :

— Oh! ne me faites pas de mal, dit-il, je vous promets que je ne me débattrai pas (*textuel*).

M. Roch l'attache en effet avec beaucoup de précaution. Néanmoins, le contact de la corde le fait défaillir.

— Encore du vin, du vin!... râle-t-il.

On lui place le verre aux lèvres. Il boit avidement. Puis :

— Je voudrais bien encore une cigarette, demande-t-il. Mais M. Baron fait un signe. Pendant toutes les lenteurs de Barré, la toilette de Lebiez a été faite. On ne veut pas prolonger l'agonie de ce malheureux, qui ne doit passer que le second et qui attend...

On se met en marche.

Vous connaissez ce signal lugubre : — « Sabre en main! » Il veut dire que la porte de la Roquette va s'ouvrir pour laisser passer le condamné.

Barré paraît, et, à quelques pas derrière lui, son complice s'arrête, tête baissée.

Barré a perdu toute énergie; chaque pas qu'il fait vers l'échafaud augmente sa défaillance. A mi-chemin, il s'affaisse. Si on ne l'eût tenu solidement, il tombait à terre...

On l'enlève. L'abbé Crozes l'embrasse. On le jette sur la bascule. Le couteau s'abat...

Lebiez entend le bruit du choc.

Il a un éblouissement à son tour; mais avec une volonté de fer, il se remet, en se disant à mi-voix :

— Allons ! allons !

Et, de lui-même, il se met à marcher vers la guillotine, dont on a rapidement relevé le glaive.

Il marche lentement, assez lentement pour qu'on constate la différence qu'il y a entre sa figure rasée et glabre et son profil barbu à la Cour d'assises. Il marche assez vite, pour arriver à la bascule en moins d'une demi-minute.

Les exécuteurs mettent la main sur l'épaule du patient.

— Adieu, messieurs ! leur dit-il d'une voix ferme.

Et d'une des lucarnes du fourgon du bourreau, où plusieurs curieux se sont introduits, une voix répond :

— Bravo, Lebiez !

C'est, nous dit-on, un imprimeur de banlieue, ami de l'ex-gérant du *Père Duchêne*.

Mais l'abbé Latour se retire. Lebiez voit la bascule couverte du sang de son ami, — la bascule sur laquelle on le pousse ; son visage trahit une crispation de dégoût...

Et le couteau tombe pour la seconde fois.

Immédiatement après la double exécution, l'aumônier de la Petite-Roquette et l'abbé Crozes sont montés dans le fiacre 148 et sont partis au galop, précédant la voiture qui emportait au cimetière d'Ivry (champ des Navets), les corps de Barré et de Lebiez.

M. Jacob a également suivi en voiture le triste équipage, qui se dirigeait assez rapidement vers le boulevard de l'Hôpital.

Nous partons derrière eux.

Sur tout le parcours nous voyons les femmes se signer, en mettant curieusement la figure à la fenêtre ; on s'attendait à ce lugubre passage depuis quelques jours.

Le soleil se lève à notre gauche et éclaire les buffleteries des gendarmes.

A la barrière de la route de Choisy, les employés de l'octroi se découvrent ; un des chevaux des gendarmes manque de désarçonner son cavalier et de le précipiter contre la grille de l'octroi.

A une certaine distance de l'octroi se trouve une grande fabrique de bougies, dont les ouvriers qui commencent à arriver, s'arrêtent curieusement pour voir passer la voiture verte à petites persiennes, qu'ils n'aperçoivent que rarement.

Le gardien et la gardienne du cimetière sont à la porte. La gardienne a fait un bout de toilette pour recevoir son monde.

L'abbé Crozes descend le premier et aide l'abbé Latour à sortir de la voiture.

Le vénérable ecclésiastique tient dans ses mains tremblantes son livre de prières et une enveloppe ouverte dans laquelle sont les dernières volontés des deux suppliciés ; on a pris certaines précautions pour reconnaître les deux corps et restituer à chacun des deux cadavres la tête qui lui appartient. Lebiez a un papier à la poche gauche de son pantalon.

Les gendarmes suivent les deux aumôniers, qui prennent une petite allée de cyprès, sur la gauche et, longeant le cimetière des sœurs de charité, ils s'arrêtent devant une fosse creusée depuis le matin et dont la dimension indique qu'elle est destinée à deux cadavres. Deux bières, semblables à celles employées dans les hôpitaux, apparaissent au bord de la fosse. Elles attendent Lebiez et Barré.

Sont présents : M. le commissaire de police de

Gentilly, l'officier de paix du XIIIe arrondissement et quatre gardiens de la paix.

Sur la route attend une voiture...

M. Jacob arrive avec les deux agents de la sûreté qui ont passé les dernières heures avec les condamnés.

Le panier contenant les corps et les têtes de Barré et de Lebiez est descendu de la voiture ; on lève le couvercle ; deux corps sont étendus ; l'un couché sur le dos, l'autre sur le côté.

L'un de ces corps a une tête entre les jambes, à la hauteur des genoux, c'est la tête de Lebiez ; la tête de Barré toute souillée de sang et de sciure de bois, se trouve placée à ses pieds ; les deux têtes paraissent dormir, elles ont la blancheur de la cire et sont complètement exsangues ; les yeux sont grands ouverts, le sang continue à couler rouge et vermeil des deux troncs ; à ce moment, nous entendons sonner six heures, il y a juste une demi-heure que l'exécution a eu lieu.

Le corps de Lebiez est vêtu d'un pantalon couvert de pièces. Les deux corps, dont l'identité a été constatée par M. Jacob et les agents de la sûreté, sont placés dans les bières ; nous remarquons l'extrême petitesse des mains de Lebiez.

Les aumôniers s'approchent et disent les dernières prières : tout le monde a la tête découverte. A six heures dix minutes, on descend la bière contenant le corps de Lebiez dans la fosse que l'on comble avec la terre extraite pour la creuser, et à laquelle nous voyons mêlés une grande quantité d'ossements humains. Il y a surtout une mâchoire qui grimace un sourire à faire passer des frissons.

La dernière recommandation de Lebiez à son père a été que l'on dispose de son corps comme on voudra, mais qu'on ne moule pas sa tête.

— Je veux disparaître à tout jamais, a-t-il dit.

Étrange contraste : le carabin Lebiez, le sceptique va donc dormir en terre sainte, tandis que son complice va servir à l'étude des docteurs. C'est le corps de Barré, en effet, que va emporter la voiture qui attend sur la route.

Cette voiture part ; suivons-la à l'École pratique.

C'est au pavillon d'anatomie pathologique, salle des démonstrations, que la dépouille du supplicié est déposée.

En l'absence de M. le professeur Robin, qui occupe à la Faculté la chaire d'histologie, c'est à M. Charcot, professeur d'anatomie pathologique, qui en a fait, préalablement et selon l'usage, demande à l'administration du ministère de l'Instruction publique, qu'échoit le corps de Barré...

Nous voyons devant la porte du pavillon n° 7, la bière dans laquelle il a été apporté. La triste boîte en bois blanc, dont les voliges jouent sur leurs clous et ont à peine huit millimètres d'épaisseur, est ouverte. A la place où a été posé le cou du criminel, une mare de sang coagulé.

Nous montons au deuxième étage du pavillon. C'est une vaste salle qui a pour meubles ces froides tables où la science puise dans les cadavres ses éléments, ses principes et ses progrès.

La tête, séparée du tronc, est souillée de sang ; la bouche est fermée, les yeux sont tout grands ouverts. C'est un spectacle véritablement effrayant que ces yeux fixés sur tous!... Nous ne l'oublierons jamais.

Parmi les docteurs présents, nous reconnaissons MM. Rochefontaine, Jollyet, Joffroy, Regnard, Labbé, Bourneville, qui sont occupés les uns à la dissection, les autres à des expériences d'électricité, que préside M. Charcot.

Sur les tables, on voit de larges bocaux qui renferment des grenouilles qui doivent servir à des expériences physiologiques.

Un fort et puissant appareil d'électricité, à

double courant, est installé sur la table principale, pour faire sur le corps de Barré des expériences concernant la contractilité dont nous parlons plus loin.

Lorsque nous arrivons, en même temps que M. le professeur Charcot, le corps est là, gisant sur la table qui se trouve à gauche, en entrant, près d'une grande fenêtre ; Barré n'est pas encore déshabillé et il est tel qu'il était lorsqu'il est tombé dans le panier de M. Roch. Les mains crispées sont fortement attachées sur le dos, et il faut à deux aides au moins cinq minutes pour parvenir à les délier. Les cordes se sont imprimées dans les chairs, et les mains où le sang ne circulait pas, sont flasques et décolorées. Quand les cordes sont détachées, un singulier phénomène se produit ; le peu de sang qui restait, circulant inopinément dans les veines des mains, les fait s'agiter et presque se joindre — comme pour une dernière prière.

Bientôt on lave la tête, et le mouleur de la Faculté en prend l'empreinte. Cette opération terminée, on place cette tête sur un billot, et le photographe, M. Berthier, en tire différents clichés dans des positions diverses. Tandis qu'il opère, nous constatons que le supplicié a, au moment fatal, fait un mouvement de recul oblique qui a déterminé à son menton et à son épaule droite deux incisions du couperet.

A huit heures, les expériences électriques commencent. En voici le détail pour les spécialistes que cette question intéresse. La prunelle se contractait par excitation directe : cette contractilité a disparu à 9 h. 35.

L'excitation du système nerveux n'avait pas d'action sur l'iris — vulgairement prunelle.

L'excitation directe de la coupe de la moelle et des deux faces supérieure et inférieure du bulbe n'a également pas d'action sur l'iris.

A dix heures, la contractilité des ventricules et des oreillettes du cœur était abolie, même avec le courant maximum de l'appareil électrique.

On fit successivement passer le courant électrique sur les organes suivants : le cœur, la rate, l'estomac, les intestins, la vessie, les uretères ; il ne fut observé aucune contraction. Il en fut de même du diaphragme, muscle qui sépare le thorax de l'abdomen, par l'excitation de certains nerfs qui ont nom nerfs phréniques. Le foie pesé accusa 1,500 grammes.

Le frappement sur le biceps donnait une contraction très accusée. Mis à nu, et déchiré ensuite, ce muscle se contracta avec une certaine intensité ; l'artère humérale et le nerf médian, restèrent insensibles à l'électrisation.

Les dents de Barré sont généralement petites, et principalement les incisives latérales de la mâchoire supérieure. Deux petites molaires du maxillaire supérieur du côté gauche sont absentes, la dent de sagesse du maxillaire inférieur n'a pas encore « percé » son alvéole ! Quelle réflexion peut enfanter cette absence !...

Si nous examinons le crâne, nous observons une bosse frontale proéminente, les os pariétaux, temporaux et surtout l'occipital sont très développés ; la voûte est aplatie.

La face de Barré donne la caractéristique des appétits grossiers. Il est laid au physique comme au moral ; son œil exprime le crime..., ses paupières restent levées, comme à l'état de vie, à l'état normal.

On passe ensuite à l'examen des autres organes : les poumons sont sains, le cœur est intact ; néanmoins, on a constaté qu'il est dur et résistant au couteau.

— Quoi d'étonnant ! dit un de ces messieurs.

La rate est normale, le foie n'offre rien de particulier à noter. Il en est de même de l'estomac, du pancréas et autres viscères qui sont successivement examinés.

Enfin l'examen du cerveau ne présente non plus aucune particularité digne d'attention.

MM. les savants commencent les expériences microscopiques, qui n'offrent aucun intérêt pour nos lecteurs.

A cinq heures du soir, nous retournons à l'amphithéâtre pour connaître le résultat d'opérations qui ont dû être faites dans l'après-midi.

Le corps de Barré était abandonné, seul, sur la vaste table, la poitrine grande ouverte, le bas-ventre enlevé, les bras tailladés, la jambe gauche coupée. La personne qui nous guide prend par le pied le membre détaché, qu'elle dépose ensuite au milieu des viscères et des lambeaux sanglants. A cette vue, nous ne pouvons nous défendre de réfléchir sur cette loi providentielle et fatale à la fois, qui veut que l'assassin de la femme Gillet soit, comme elle, dépecé.

Nous demandons à revoir la tête. On la cherche. *On ne sait* pas où elle est. On la trouve enfin à l'étage supérieur, entre les mains d'un praticien qui faisait sur son cerveau des expériences particulières.

CHAPITRE XXVI

UN AUTOGRAPHE DE M. ROCH. — M. DEIBLER. —
LES PARRICIDES LAPRADE ET JEAN CHAMBE

Avant d'en finir avec M. Roch, pour passer à son successeur, je crois intéressant de donner un autographe de ce « fonctionnaire ». C'est une lettre, par laquelle il avertissait un de nos confrères qui lui avait demandé de lui faire voir une exécution.

La voici telle quelle, je ne supprime que la date.

Monsieur

J'ai l'honneur De Vous avertir
que je Viens De recevoir mes ordre
il faut que je parte Demain a 3 heur
l'ouvrage Doit avoir lieu lundi au
matin
    J'ai l'honneur De
Vous saluer Spackz

On le voit, on ne pouvait être plus complaisant.

Je passe maintenant au successeur de M. Roch, M. Deibler.

Louis-Antoine-Stanislas Deibler est né à Dijon, en 1823. Il a donc juste soixante ans...

On ne les lui donnerait pas.

Avant de couper les têtes, il coupait... du bois et exerçait la profession de menuisier. Entré dans la carrière en 1858 et nommé exécuteur des hautes-œuvres en 1863 à Rennes et dans les cinq départements de la Bretagne, il vint à Paris en 1871, au moment où un décret supprima les exécuteurs de province et fut dès lors attaché à M. Roch comme adjoint de « première classe ».

D'une taille plutôt petite que grande, Deibler paraît d'une constitution faible. Les cheveux sont noirs et la barbe, taillée en fer à cheval, peu fournie et coupée presque ras. Il marche lentement et boite un peu.

Il y a environ vingt ans qu'il a épousé la fille de M. Raseneuf, — un nom prédestiné, — exécuteur en chef d'Algérie.

De ce mariage sont nés deux enfants :

Un fils qui, aujourd'hui, a dix-huit ans et est employé dans un magasin de nouveautés qu'il va même probablement bientôt quitter, et une fille, Clotilde, jolie brunette de huit ans qui vous regarde avec de grands yeux noirs étonnés.

Tous les matins, les mains dans les poches de sa petite robe de toile bordée de lisérés rouges, elle va bravement à l'école « toute seule, comme une grande ».

M. Deibler demeure, 3, rue Vicq-d'Azir.

Sa première exécution n'a pas été heureuse. Il était à peine entré en fonctions lorsqu'il dut aller à Agen pour guillotiner Laprade.

Laprade, âgé de vingt ans, avait, le 10 novembre 1878, tué son père, sa mère et sa grand'mère, à coups de fusil. Il avait achevé son père à coups de serpe. Pour les deux femmes, il s'était contenté de les « finir » avec la crosse de son arme.

Condamné à mort le 6 mars 1879, il fut exécuté le 19 mai.

On raconte qu'il fit une telle résistance que Deibler fut obligé de lui cogner la tête sur le pavé pour en avoir raison.

Est-ce vrai? je l'ignore, n'ayant pas assisté à l'exécution et tenant à ne répondre que de ce que j'ai vu.

L'exécution de Jean Chambe, — un autre parricide, — fut moins émouvante.

Chambe avait étranglé son vieux père pour hériter plus vite de quelques meubles et de quelques hardes et il avait eu l'atroce courage de rester plus d'un mois enfermé avec le cadavre, couchant près du réduit obscur dans lequel il l'avait caché.

Jean Chambe, condamné à mort le 21 juin, fut exécuté le 10 septembre, *quatre-vingts jours après*.

Il était dans un tel état d'excitation nerveuse, qu'on avait dû, pendant plusieurs nuits, lui administrer du chloral.

C'est à Saint-Rambert (Loire), le 10 septembre 1879, qu'eut lieu l'exécution. On dut amener le condamné de Montbrison : *Un trajet de deux heures et demie!*

Lorsque tomba le couteau, le surplis du prêtre fut couvert du sang qui jaillit du tronc.

CHAPITRE XXVII

EXÉCUTION DE PRUNIER A BEAUVAIS

Il est cinq heures du matin. Le temps est sec, mais glacial. La nuit est sombre, malgré les innombrables étoiles dont la lueur vive scintille au ciel. De tous côtés, à travers les rues, des piétons se dirigent vers la place du Franc-Marché, où doit avoir lieu l'exécution du condamné Prunier (1).

Sur la place, deux mille personnes sont déjà rangées autour de l'échafaud, qu'achèvent de

(1) Condamné par la Cour d'assises de l'Oise, le 12 septembre 1879, pour assassinat, précédé et suivi de viol sur la personne d'une femme de soixante ans, qu'il repêcha au bout d'une demi-heure dans une mare pour se livrer à un nouvel attentat.

dresser le nouvel exécuteur, M. Deibler et ses aides. Quelques hommes de troupe et une dizaine de sergents de ville, commandés par le commissaire central, M. Pleindoux, tiennent les curieux à distance. Au milieu du cercle, les lanternes des aides qui vont et viennent, terminant leurs lugubres préparatifs, semblent de loin autant de feux follets en promenade.

Voilà quinze jours déjà que les curieux, sans se lasser, reviennent chaque nuit à la même place. Ils espéraient d'abord la triple exécution de Martin, d'Hinard et de Prunier. Ils savent maintenant que les deux premiers ont eu leur peine commuée. Raison de plus pour ne pas manquer Prunier. Aussi, la veille au soir, à sept heures, quand M. Deibler est arrivé par le train de Méru, avec ses aides et son matériel, son entrée en ville a-t-elle fait sensation. Toute la nuit, on l'a guetté devant l'hôtel des *Trois-Piliers*, où il logeait par réquisition ; on attendait le moment de sa sortie, et jusqu'à l'heure de la fermeture du télégraphe, des dépêches de Beauvais ont été lancées dans les environs, avertissant les amis de la banlieue que cette fois c'était sérieux.

A quelques pas, sur la route qui borde la place, une devanture est éclairée. C'est le café Bataillou, qui, depuis quinze jours, fait des affaires d'or, grâce à sa proximité du lieu du supplice. Non seulement on peut aller s'y réchauffer, mais on y retrouve un souvenir tout d'actualité. C'est là, en effet, que Prosper Martin, l'un des trois condamnés à mort, eut l'idée de son crime. Il s'y trouvait en même temps que le père Barthélemy Toutain, et vit les cent quarante francs que le vieux portait à la Caisse d'épargne. Martin courut chercher une fourche et alla attendre sur la route le pauvre vieillard, qu'il assomma et dépouilla.

Cinq heures et demie sonnent, et, au tintement de l'horloge, répond celui d'une cloche argentine. C'est la cloche de la prison, située à deux cents mètres de là. On va dire la messe au condamné à mort.

Prunier ne sait rien du sort qui l'attend. La situation de Martin et d'Hinard est assez curieuse. Chacun d'eux a été averti par son défenseur que deux des condamnés sont graciés et sait qu'il fait partie de ces deux ; mais il ignore qui est le second. Aussi lorsque, extraits de leurs cellules, les trois condamnés arrivent à l'église, revêtus de la camisole de force, ils se regardent en dessous, comme pour lire sur la figure les uns des autres le nom de celui que la grâce n'a pas atteint.

La messe est dite par l'aumônier de la prison, Monseigneur Claverie, protonotaire apostolique, neveu de Monseigneur Gignoux, autrefois évêque de Beauvais. L'évêque actuel, Monseigneur Hallay, y assiste.

A la fin de l'office, M. Demange, gardien chef de la prison, agissant aux lieu et place de M. Boisard, directeur, retenu à Clermont par son service, se rend dans la cellule de Prunier.

— Vous m'avez promis d'avoir du courage, Prunier, lui dit-il. Eh bien, le moment est venu...

— Ah! c'est pour aujourd'hui? demande Prunier avec calme.

— Oui, il faut descendre au greffe.

— Bien.

Et Prunier se lève tranquillement, prêt à marcher.

On descend au greffe. En route, on rencontre Monseigneur Hallay. Il adresse quelques paroles d'encouragement au condamné qui s'incline. Dans la salle du greffe sont Monseigneur Claverie, le greffier de la Cour d'assises, M⁰ Gossin, défenseur de Prunier, le docteur Évrard, médecin des prisons, deux gendarmes, et enfin, M. Deibler et ses trois aides.

Deibler demande un tabouret pour y faire asseoir le condamné, et procéder à la toilette. On l'apporte. On enlève à Prunier la camisole de force et le greffier lit l'arrêt d'exécution.

La toilette commence. Elle dure longtemps et est très pénible. Contrairement à la manière de M. Roch, qui passait la même corde aux bras, aux jambes et derrière le dos, presque sans serrer, M. Deibler se sert de plusieurs morceaux de cordes de diverses grosseurs et serre de toutes ses forces. A deux reprises, le patient s'écrie :

— Vous me faites mal, oh ! vous me faites mal !

Il y a une différence notable, du reste, entre Deibler et son prédécesseur. L'un est l'antithèse vivante de l'autre. Roch, assez grand, de forte corpulence, et pourtant alerte, vif, comme un montagnard de la Lozère ; Deibler, homme du Nord, petit, lourd, gêné dans ses mouvements, indécis, — *empoté*, pour dire le vrai mot.

Entre temps, Prunier se plaint d'avoir froid aux pieds. On pousse le tabouret vers un petit poêle qui se trouve là.

— Je vous remercie bien, dit-il à M. Demange, vous avez toujours été très bon pour moi ; voulez-vous me serrer la main ?

M. Demange lui serre la main, ainsi que les gardiens de la prison. Prunier demande aussi à embrasser l'aumônier, et enfin, comme la sœur chargée de l'infirmerie se présente, il l'appelle et lui dit :

— Et vous, ma bonne mère, vous ne voudriez pas me dire adieu ?

La sœur s'approche tout émue et lui donne une poignée de main. Il est très pâle. Redoutant une défaillance, le gardien-chef lui demande s'il veut prendre quelque chose :

— Oui, je boirais bien une goutte, répond-il.

— De l'eau-de-vie ?

— Non, pas de l'eau-de-vie, du rhum.

On lui apporte un verre de rhum, qu'il boit d'un trait. A ce moment, M. le docteur Évrard lui tâte le pouls et constate 84 pulsations à la minute.

Cependant, la toilette est terminée. Le col de la chemise du condamné vient de sauter sous les ciseaux d'un aide. On présente à l'exécuteur le registre d'écrou.

En face du nom *Théotime Prunier, âgé de vingt-*

trois ans, etc., le greffier vient d'écrire la mention suivante :

Remis à Deibler, exécuteur des hautes-œuvres, le 13 novembre, à 6 h. 55.

L'exécuteur prend la plume et signe avec une certaine difficulté :

Pendant ce temps, s'adressant à M⁰ Gossin, son défenseur qui, lui aussi, ne l'a pas quitté d'un instant et depuis deux mois a remué ciel et terre pour le sauver, Prunier demande :

— Et vous, mon avocat, voulez-vous m'embrasser ?

Le jeune défenseur accède à son désir. On descend les cinq ou six marches qui conduisent du greffe dans la cour de la prison, où le fourgon attend. Au moment où Prunier met le pied sur la première marche de l'échelle pour monter dans le fourgon, il demande timidement :

— Je pourrais pas fumer une cigarette ?

M. Demange hésite. Mᵉ Gossin en prend une, qu'il allume, et la passe à Prunier, qui tire trois à quatre bouffées et la rejette en murmurant :

— Non, ça ne me dit plus!

Les deux portes de la prison s'ouvrent et laissent voir le grand séminaire qui est en face.

On part.

Il y a, ai-je dit, deux cents mètres de la prison au Franc-Marché. C'est donc trois à quatre minutes qu'il faut pour arriver au lieu de l'exécution, par la rue Verte, la rue Neuve-de-la-Prison, et la route de Calais.

Prunier semble indifférent. Pendant que Monseigneur Claverie lui parle, il tourne la tête pour regarder la foule qui entoure la place ; il semble chercher des figures de connaissance.

Le grand jour est venu. Quatre-vingts hommes du 51ᵉ de ligne et deux brigades de gendarmerie ont fait ranger la foule en un immense cercle de vingt-cinq mètres de rayon. M. le lieutenant-colonel Edon, major de place, et M. de Nonancourt, adjudant-major, ont pris le commandement de la force armée.

Le fourgon entre dans le cercle. L'aumônier et

le condamné descendent. Ils s'arrêtent à un mètre de la bascule. Deibler s'approche pour s'emparer de son patient. Mais non, Monseigneur Claverie n'a pas fini. Il continue à exhorter à la résignation le condamné, qui tressaille et commence à s'énerver.

Cette scène se prolonge péniblement. Nous tirons notre montre. Une, deux, trois minutes s'écoulent... Jamais nous n'avons vu pareil intervalle entre la descente du fourgon et la chute du couteau.

Prunier regarde à droite et à gauche. Que demande-t-il ? Si les gendarmes qui l'ont arrêté sont là. On lui dit que non.

Encore une minute... soixante siècles. Le groupe ne bouge pas. Deibler est pâle, d'une pâleur que fait ressortir encore sa barbe noire en fer à cheval. L'aumônier, figure ascétique, est pâle aussi. Des trois, Prunier semble faire encore la meilleure contenance...

Ah ! enfin. Le prêtre embrasse le condamné, lui présente le Christ, et le bénit en lui imposant la main droite sur la tête. Le patient passe de ses mains dans celles de l'exécuteur qui, loin de le jeter sur la bascule avec cet emportement, cette brutalité apparente qui, chez M. Roch, n'étaient que de l'humanité, le place au contraire tout doucement, et non moins doucement fait jouer le déclic.

La tête de Prunier tombe enfin. Il est sept heures et quelques minutes.

On place corps et tête dans le panier, et on conduit le tout au cimetière.

Là, attendent MM. les docteurs Évrard et Lesage, de Beauvais; Chevallier et Lesguillon, de Compiègne; Rochu, de Neuilly-en-Thelle, et Decaisne, membre de l'Institut, de Paris. M. Évrard a demandé et obtenu le cadavre du supplicié, pour des expériences auxquelles il a convié ses confrères.

Nous avons suivi ces expériences avec un véritable intérêt, car, en dehors du caractère scientifique, elles touchaient à cette question tant de fois discutée: *La vie survit-elle à la décollation?*

Il y avait cinq minutes que la tête était séparée du tronc quand on l'a placée sur une pierre en plein air, devant la petite chapelle du cimetière. Bien que le supplicié eût rendu relativement peu de sang, quelques gouttes perlaient encore aux carotides.

Quoique le cou fût très court, la section avait, constatons-le, été très nettement faite. Le couteau avait passé entre le maxillaire inférieur et la peau du menton, qui restait pendante au cou.

Eh bien, pincée, piquée avec des aiguilles, soumise aux expériences les plus douloureuses, cette tête n'a pas bougé, la face est restée impassible, pas un muscle n'a tressailli. On a calciné entièrement l'oreille gauche à la flamme d'une bougie sans obtenir la moindre apparence de sensibilité.

On a alors fendu en quatre la peau du crâne, on a enlevé avec le marteau, le scalpel et la scie, la partie supérieure de la boîte osseuse; on a retiré le cerveau. Cela a pris dix bonnes minutes. Soumis à la pile électrique, ce reste de tête a éprouvé des contractions nerveuses. Les dents ont claqué, la bouche s'est refermée. L'œil et la joue ont fait ces grimaces qu'on peut observer chez les gens qui dorment et qu'on chatouille avec une barbe de plume.

Pour le corps, même résultat. Intact, il était insensible. On l'a ouvert. On a coupé les côtes, on a enlevé le cœur, le foie, les poumons... et alors, au contact de la pile, les bras, les jambes ont eu des mouvements... A ce moment, M. le docteur

Evrard m'a demandé l'heure, et a constaté qu'il y avait quarante minutes, que la décollation avait eu lieu.

Enfin, expérience concluante : Sous l'action de la pile, un lambeau de peau laissé pendant, à la suite d'une recherche dans la poitrine, s'est redressé, a oscillé et est venu violemment se replacer à l'endroit d'où il avait été détaché.

La conclusion des docteurs est donc que les mouvements observés sur les corps des guillotinés, sous l'action de la pile, sont absolument mécaniques et ne démontrent ni vie persistante, ni sensibilité. Ce sera, du reste, l'objet d'un mémoire qui sera présenté prochainement à l'Académie de médecine par M. Evrard, et dans lequel il compte démontrer *que la mort par la décollation est instantanée.*

Au point de vue de l'autopsie, le cœur était mou, graisseux, encore rempli de l'air aspiré au moment de la chute du couteau. Le cerveau très volumineux, présentait quelques adhérences avec les méninges qui l'enveloppent : altération due certainement à l'alcoolisme. Prunier avait dit en effet à son défenseur : « Pour avoir fait cela, il fallait que je soye bien saoul ! » et à M. le docteur

Evrard : « Depuis quelque temps, je buvais de l'eau-de-vie et de l'absinthe. Le jour de la fête, j'avais bu beaucoup, et je me disais : il n'y a pas à dire, faut que je fasse un coup ! »

Était-ce donc un fou que cet homme qu'on a guillotiné, tandis qu'on a gracié quatre autres criminels raisonnables et raisonnant ?

A neuf heures, on a jeté pêle-mêle dans une fosse creusée en un coin réservé aux suppliciés les restes sanglants et morcelés du misérable... Il a été mis là, sans bière, sans rien.

Contraste qu'on croirait ne trouver que dans les romans : Tandis que, dans ce cimetière, sur une pierre tombale, transformée en dalle d'anatomie, nous étions là huit ou dix à examiner ces morceaux de chair humaine... le soleil brillait clair et joyeux, et les petits oiseaux, perchés dans les cyprès, chantaient au-dessus de nos têtes.

CHAPITRE XXVIII

LE SERGENT DE VILLE PRÉVOST

(L'assassinat de Lenoble)

Dans la soirée du mercredi 10 septembre 1879, à huit heures et demie, madame Thierry demeurant, 153, rue de la Chapelle, était assise sur un banc placé en face de sa maison, quand elle aperçut un homme, vêtu d'une blouse bleue, d'un pantalon gris et coiffé d'une casquette de soie, qui portait à la main un paquet assez volumineux. Cet individu jetait sur la voie publique des morceaux de viande et, s'approchant d'une bouche d'égout, il laissa tomber quelque chose qui ressemblait à un gigot. Les allées et venues de cet homme n'inspiraient aucune confiance à madame Thierry, qui, après avoir invité une autre dame de sa connaissance à le suivre, alla chercher les gardiens de la paix. Mais l'individu parvint à prendre la fuite, du côté des fortifications, puis revint sur ses pas et se perdit dans la gare aux marchandises.

Les agents de police firent rechercher, par les égoutiers, les objets que l'inconnu avait jetés. Or, quel ne fut pas leur étonnement en reconnaissant un bras humain. Les débris furent portés aussitôt chez M. Lefébure, commissaire de police et, pendant la nuit, des fouilles furent pratiquées dans les égouts de la rue de la Chapelle et de la rue d'Aubervilliers. M. Caubet, informé par dépêche télégraphique de la lugubre trouvaille, envoya immédiatement sur les lieux du crime, M. Macé, chef de la sûreté.

Grâce à l'habileté avec laquelle les recherches furent conduites, on parvint à découvrir, rue Pajol, une main d'homme, près de la bouche d'un égout. Cette main fut immédiatement transportée au poste de la rue de l'Évangile.

M. Lefébure fit opérer, dans la matinée, de nouvelles fouilles, qui furent couronnées d'un plein succès. On retrouva, en effet, dans les égouts de la rue du Pré-Maudit, d'autres parties du cadavre. Toutefois la tête manquait ; il était donc impossible d'établir, momentanément, l'identité du mort.

Le lendemain matin, madame Thierry était mandée chez le commissaire de police. Toute la nuit elle avait songé à l'épouvantable découverte de la veille et plus elle y songeait, plus il lui semblait avoir reconnu l'homme, un de ses anciens voisins... un gardien de la paix.

C'était invraisemblable... Pourtant elle voulut en avoir le cœur net et en arrivant au bureau du commissariat elle dit à M. Lefébure :

— J'ai demeuré autrefois rue des Rosiers (aujourd'hui rue des Roses, à la Chapelle), et il y avait à côté de chez moi un sergent de ville très grand et très gros, qui, en bourgeois, ressemblait beaucoup à l'homme que j'ai vu hier.

C'était un indice, car il y avait justement au poste de l'Évangile, d'où dépendent la rue des Roses et la rue du Gué, un gardien de la paix, nommé Prévost, ancien cent-garde, de très forte corpulence, et justement, par une bizarre coïncidence, cet homme, qui eût dû être de service de cinq à neuf heures du soir, avait permuté avec un camarade, ayant, disait-il, un rendez-vous dans la soirée.

A l'heure où l'assassin semait par les rues les

débris mutilés de sa victime, Prévost, était donc libre de ses actions.

On envoya chercher Prévost, qui se trouvait au poste-caserne pour les réservistes. Il était justement en train de causer du crime et disait que, cette fois, l'assassin avait pris ses précautions de manière à rendre impossible sa découverte.

Il entra dans le cabinet du commissaire. Bien qu'en tenue de service, il fut reconnu par madame Thierry.

M. Lefébure lui demanda ce qu'il avait fait la veille et pourquoi il avait permuté de service. Il répondit qu'il était fatigué et qu'il s'était couché.

— Eh bien, dit le commissaire, comme on prétend vous avoir vu la nuit dans la rue, nous allons chez vous vérifier le fait.

A ces mots il pâlit et se décida à avouer.

M. Bresselles, juge d'instruction, M. Clément, commissaire aux délégations, étaient arrivés. On leur fit part des aveux du coupable et on se rendit avec lui à son logement rue Riquet.

C'était un gentil petit logement, tenu avec la propreté méticuleuse d'un vieux soldat. A droite un lit en acajou, en face, près d'une fenêtre, se dressait un buffet dont l'étagère était chargée de bibelots. Une petite table s'appuyait entre ces deux meubles contre la muraille, mitoyenne au cabinet d'aisances. La cheminée, à gauche, était garnie d'un paravent en toile cirée.

Partout, sur les murs, des gravures, des photographies d'amis et de parents. Une carabine avec un poignard composaient une sorte de panoplie.

Aucun désordre, rien qui dénotât le crime de la veille.

— Où sont les débris du cadavre? demanda le juge d'instruction.

— Je les ai jetés un peu partout dans les égouts.

C'était vrai. Des délégués de la police avaient employé la matinée à sonder les cloaques du quartier. Des os dénudés, des lambeaux de chair, des débris de peau humaine avaient été trouvés. Sur une dalle de la Morgue, les médecins avaient rapprochés ces fragments. Il y avait soixante-dix-huit morceaux. La tête seule manquait.

— Et la tête? demanda encore le magistrat.

Le sergent de ville montra du geste la cheminée.

La tête était là. C'était celle d'un homme d'environ quarante ans, maigre, portant des moustaches noires et de rares cheveux châtain foncé. Absolument exsangue, elle offrait l'image d'une de ces figures de cire qu'on voit aux étalages des coiffeurs. Autre ressemblance, cette tête était frisée, ainsi que la moustache. Les traits étaient d'une grande régularité; la bouche, entr'ouverte, légèrement contractée. La dentition assez belle. Les yeux, grands ouverts, exprimaient l'effarement. A l'occiput comme un trou triangulaire d'environ six centimètres de largeur. Le crâne était entièrement enfoncé. Le sang avait coulé dans les cheveux, derrière la tête.

On demanda au criminel le nom de sa victime. Voici ce qu'il raconta :

« Il y a eu lundi quinze jours, un sieur Lenoble, bijoutier ambulant, se présenta chez moi et me proposa de me vendre une montre et une chaîne payables par tempérament. Je lui répondis que je n'avais nul besoin de ces objets. M. Lenoble se retira, m'annonçant qu'il reviendrait sous peu de jours. Il revint, en effet, samedi, et me fit choisir un médaillon. Nous devions terminer l'affaire le mercredi suivant.

» Hier mercredi, c'était mon jour de congé. Je sortis le matin pour aller déjeuner, et, à mon retour, vers dix heures, la concierge me fit savoir que M. Lenoble m'avait demandé et devait revenir bientôt. J'attendis le bijoutier. Il était à peu près midi lorsqu'il frappa à ma porte.

» Il étala devant moi divers bijoux contenus dans ses écrins, et après m'avoir livré celui qu'il m'avait fait choisir dans sa précédente visite, il s'assit devant la table pour libeller les billets représentant une somme égale à celle du bijou.

» Alors, continua Prévost, ébloui par les valeurs étalées devant moi, je me penchai vers ma malle. J'y pris une boule d'un tender de wagon, et j'en assénai derrière la tête de Lenoble un coup formidable.

» Le malheureux tomba raide mort. Je lui tranchai la tête à l'aide de mon sabre-baïonnette et me mis à dépecer le cadavre du mieux que je pus.

— Y avait-il du sang? demanda M. Clément.

— Très peu. Vers cinq heures, j'allai dans la cour chercher un seau d'eau, et après avoir réuni dans un panier les débris des différentes parties du corps, je lavai le sol à l'aide de ce balai.

Prévost indiqua ensuite au juge d'instruction un endroit où il avait placé un balai dont les crins avaient été fraîchement nettoyés. Interrogé sur les lieux où il avait jeté les autres morceaux du cadavre, il désigna la rue d'Aubervilliers, la poterne des Poissonniers, au-delà des fortifications, où on trouva, en effet, la vessie et une partie des intestins. A la fin de l'interrogatoire, le misérable ajouta qu'il se proposait de faire bouillir la tête, afin de la défigurer complètement.

Prévost fut conduit de la rue Riquet au poste de la rue de l'Évangile, pour de là être écroué au dépôt de la préfecture de police.

Les juges instructeurs ont longuement interrogé les locataires de la rue Riquet. Aucun bruit n'était parvenu aux oreilles des voisins.

Les assertions du coupable furent toutes confirmées par le concierge. Le matin même, c'est-à-dire vers sept heures, Prévost était sorti en uniforme, tenant un journal à la main. Un des locataires de la maison, M. Thomas, l'avait rencontré et lui avait dit :

— Il y a une rude affaire dans notre quartier. On a trouvé des débris humains dans la rue Pajol.

Prévost répondit avec calme : « Les camarades me diront cela. »

La concierge a donné des renseignements précieux sur la conduite de Prévost. Il avait plusieurs maîtresses, mais il en affectionnait particulièrement une : c'était une ancienne femme de chambre, devenue repasseuse à la Chapelle. Celle-ci était venue rendre visite, à plusieurs reprises à son amant.

Cette arrestation, on le comprend, avait jeté la

stupéfaction dans le personnel de la préfecture. En effet Prévost passait pour un serviteur modèle. Jamais depuis son entrée dans l'administration, il n'avait subi la moindre punition. On avait en lui la plus grande confiance.

Pourtant ses camarades racontèrent après coup des choses étranges. Prévost adorait parler de crimes et de gens coupés en morceaux. C'était son genre de plaisanterie habituelle.

Un jour qu'il avait une discussion avec un gardien de la paix de ses camarades, il disait :

« S'il vient se battre avec moi dans les fortifications, je le découperai, je le désosserai. »

Il disait encore, en causant du procès Billoir :

— Ce n'est pas moi qui me laisserais pincer. Si je tuais un homme, je commencerais par l'assommer, puis je lui couperais le nez, les oreilles, puis je lui arracherais la peau, comme à un veau, puis je lui arracherais les yeux, puis je le découperais en une foule de morceaux que je jetterais en divers endroits. Alors, ni vu ni connu.

A un autre gardien de la paix, de service avec lui, il disait :

— Bah! découper un homme ou un animal, qu'est-ce que ça fait, du moment qu'il est mort! Il y a bien des criminels qu'on ne retrouve pas!

Il tenait encore des propos dans ce genre :

— C'est un « velours » que de couper la caboche à un homme, c'est un « chocolat » que cette opération.

Ses camarades prenaient tout cela pour des plaisanteries d'assez mauvais goût. Ils étaient loin de penser que Prévost, — cet agent modèle, — parlât sérieusement.

Quant à la victime, Alexandre Lenoble, c'était un brave garçon qui avait été trois ans employé courtier chez M. Roullon, bijoutier, 23, rue Saint-Sébastien, dans la même maison que lui. Il l'avait quitté depuis deux mois pour entrer chez M. Secrétain, 2, faubourg du Temple. Il était âgé de quarante ans ; marié depuis quelques années, il laissait deux enfants, en garde chez la grand'-mère maternelle, 3, boulevard des Filles-du-Calvaire. Sa femme, âgée de trente ans, tenait le poste de première lingère au café Riche.

C'était un ménage modèle.

CHAPITRE XXIX

L'ASSASSINAT D'ADÈLE BLONDIN

Quand la justice apprit tout cela, quand elle sut que Prévost avait découpé, désossé le cadavre, qu'il en avait arraché la peau, qu'il en avait, avec une habileté étrange, fait disparaître les soixante-dix-huit morceaux, elle ne se déclara pas complètement éclairée.

C'est qu'il y avait un mystère dans l'existence antérieure de l'assassin. Une femme, sa maîtresse, avait disparu depuis plusieurs années. On avait interrogé Prévost à l'époque de cette disparition, mais comme on n'avait alors aucun motif de le suspecter, on s'était contenté de la réponse qu'il avait fournie avec toutes les apparences de la bonne foi. « Sa maîtresse, disait-il, l'avait quitté, il ne savait pas ce qu'elle était devenue. » Là-dessus l'enquête avait été close.

Mais quand on sut à quoi s'en tenir sur Prévost, une fois qu'on le sut capable de tuer, on s'inquiéta de nouveau de la disparition singulière d'Adèle Blondin. On pressa l'assassin de questions, il avoua encore, et voici ce qu'on apprit :

Adèle Blondin, la maîtresse de Prévost, était morte comme Lenoble. Les bouches d'égouts avaient englouti ses restes. Un seul vestige en subsistait : la tête. Le faubourg de la Chapelle eut à ce moment le funèbre spectacle de fouilles pratiquées sur un talus des fortifications.

C'était là que le meurtrier avait enfoui le crâne. On vit Prévost guider lui-même les ouvriers. Sur ses indications, on piocha dans le fossé. On retrouva la tête de la maîtresse de l'assassin. Elle était enterrée là, depuis quatre ans.

Adèle Blondin avait, assez longtemps, été la gouvernante d'un vieillard dont la générosité l'avait enrichie. Au décès de son maître, elle était en possession d'une trentaine de mille francs. Elle avait une sœur très pauvre, à laquelle, parfois, elle faisait des largesses. Économe, au surplus, et ne se livrant parfois à des dépenses que pour satisfaire un penchant invétéré pour la bonne chère.

Une lente préméditation paraît avoir préparé le meurtre d'Adèle Blondin. Lasse de l'oisiveté que lui procurait le revenu annuel de 1,500 fr. tirés du capital qu'elle avait converti en rentes sur l'État, elle projetait l'acquisition d'un fonds de commerce. Vers les dernières semaines de 1875, ce plan recevait un commencement d'exécution. L'ex-gouvernante réalisait quelques milliers de francs de valeurs. Prévost fut mis au courant de cette circonstance.

Ses convoitises s'agitent à cette pensée. Il a des dettes, il ambitionne des ressources.

Il n'ignore pas les habitudes défiantes de sa maîtresse. Elle porte le plus souvent sur elle ses titres, ses fonds, les bijoux auxquels elle tient le plus. Il la convie à un rendez-vous. Nous sommes en 1876. C'est le 27 février qu'Adèle se rendra rue de l'Évangile, chez Prévost. Ils fêteront ensemble le dimanche gras.

A midi, Adèle arrive, le couvert est mis, le déjeuner est prêt. Au dessert elle est tuée.

La mort donnée, l'assassin dépèce le cadavre. Un couteau pour fendre les chairs, une scie pour rompre les muscles. Au cours de la sinistre besogne, des taches de sang maculent le bois du lit, le sommier. Sur ces taches, Prévost répand de l'encre. Sa présence d'esprit ne l'abandonne pas un instant. Il a combiné le moyen de se débarrasser du cadavre. Il sait aussi comment il emploiera l'argent venant du vol. Il avait, jusqu'alors, habité un hôtel meublé. Il achète des meubles, il change de logis, il apaise ses créanciers et vit plus largement.

Prévost comparut devant le jury de la Seine le 3 décembre 1879. Il fut condamné à mort.

Son exécution eut lieu le 19 janvier suivant.

CHAPITRE XXX

EXÉCUTION DE PRÉVOST

(19 janvier 1880)

Comment se tiendra-t-il ? Sera-t-il brave ou lâche? Marchera-t-il carrément ou faudra-t-il le porter défaillant au supplice? Telle était la question que chacun se posait depuis quinze jours à propos de Prévost. Pour tous ceux qui l'avaient suivi depuis le commencement du procès, qui l'avaient vu s'affaisser pâle et tremblant sur le banc de la Cour d'assises, qui savaient que, dans sa cellule, ses jours et ses nuits se passaient en hideuses visions, en crises de larmes, en accès de frayeur qui touchaient presque à la folie, la réponse n'était pas douteuse : l'exécuteur, au moment suprême, ne trouverait devant lui qu'une masse inerte et aphone, morte d'avance ou à peu près. D'autres, le petit nombre, se disaient que, peut-être au dernier moment, Prévost aurait un éclair de courage et marcherait sans trembler, à l'exemple de Billoir, un vieux soldat comme lui.

En tout cas, l'intérêt était vivement excité, et on attendait avec impatience le jour de l'exécution. Et c'est pour cela que, malgré le choix anormal du lundi, le nombre des curieux, quoique restreint, a été encore assez grand.

Ce n'était pourtant pas, certes, une partie de plaisir que cette station de trois à quatre heures sur la place de la Roquette, avec six degrés de froid, avec l'âpre caresse du vent qui, soufflant en ligne droite de la place Voltaire au Père-Lachaise, vous donnait l'onglée et vous remplissait les yeux de larmes; avec les deux énormes tumulus de neige, accumulée de chaque côté de la place, et dont la réflexion augmentait encore la glaciale humidité qui vous pénétrait jusqu'aux os. Les minutes paraissaient longues, dans cette obscurité lugubre, percée de loin en loin par la lueur rouge et fumeuse des falots que portaient les aides du bourreau, en train de ranger et de monter les pièces de la machine. Un silence morne régnait, rompu seulement par le bruit sourd du piétinement des gardiens de service qui battaient la semelle sur place, grelottant dans leurs manteaux dont les capuchons rabattus les faisaient ressembler à des spectres.

Comme de coutume, le service de la place était fait par la brigade du onzième arrondissement, sous les ordres de M. l'officier de paix Siadous. Le vingtième (M. Gaillot, officier de paix) et le douzième (M. Brocheton) gardaient les abords. Deux brigades centrales conduites par MM. Berraz et Jarrige renforçaient le service, complété par une compagnie de gardes municipaux à pied et un peloton de gardes à cheval. Des ordres très sévères avaient été donnés le matin pour que les abords de la guillotine fussent absolument interdits à qui que ce soit, et, en effet, au lieu du cordon de sergents de ville assez espacés qu'on plaçait autrefois sur le rebord du trottoir, c'est une triple rangée d'agents et de gardes de Paris en armes qui formait le cercle.

C'est derrière cette barrière infranchissable qu'il a fallu attendre. Comme distraction, rompant la monotonie, on avait l'arrivée des retardataires, engoncés dans leurs cache-nez et leurs paletots, courant de tous côtés pour chercher à se faire reconnaître et à trouver une place. Puis l'entrée de M. Caubet, chef de la police municipale, celle de M. Macé, chef du service de sûreté, de l'abbé Crozes, avec son fidèle fiacre n° 148. N'oublions pas un incident : l'arrivée d'une voiture cellulaire venant à la Petite-Roquette, en face de l'échafaud, chercher un convoi de jeunes détenus pour les conduire à la gare de Lyon. Dans cette voiture a pris place également un condamné militaire, qu'on a fait sortir de la Grande-Roquette sous l'escorte d'une douzaine de gardiens. Tout cela prend un peu de temps. Dans les intervalles, on court en long et en large sur le quinconce, cherchant en vain à se réchauffer.

Enfin six heures et demie sonnent et la gendarmerie de la Seine, chapeau en bataille, fait son entrée et va se placer dans l'axe de la rue de la Roquette, en face de l'échafaud. On sait ce que cela veut dire : le moment approche où le prologue va se terminer et où va commencer le sombre drame.

Un certain nombre de journalistes s'approchent de M. Caubet et lui demandent de leur faire donner une place d'où ils puissent voir l'exécution. Le chef de la police municipale fait droit à leur réclamation avec une exquise bonne grâce, et M. l'officier de paix Berraz s'acquitte avec une complaisance et une patience inouïes de cette tâche difficile de faire entrer vingt personnes de plus dans un groupe où déjà l'on est trop serré. A la fin pourtant on y arrive, et comme nous nous trouvons entre deux gardiens de la paix, nous leur demandons leur opinion sur l'exécution de Prévost.

— C'eût été un grand malheur, si on lui eût fait grâce, nous dit l'un d'eux. La tache qu'il avait faite à notre uniforme devait être lavée, et tout son sang n'est pas de trop pour cela !...

Six heures trois quarts. Depuis longtemps déjà la machine est prête. L'essai de la chute du couteau a été fait et a réussi. La corde qui sert à le hisser est retirée de la poulie. C'est l'heure d'entrer dans la prison. M. le commissaire de police Baron fait signe à M. Macé de venir.

M. Macé est un peu pâle. C'est la première fois, en effet, qu'il assiste à une exécution capitale. Or, quelque brave qu'on soit — et M. Macé a fait ses preuves, à l'incendie de la rue Albouy, à l'Estacade Saint-Louis, le jour de l'assassinat de Vincenzini, et dans bien d'autres circonstances — on n'est pas toujours à l'abri d'une question de nerfs. Mais, habitué à se maîtriser, il entre avec

M. Baron dans la prison où les attend le directeur, M. Bauquesne. On se rend à la cellule de Prévost.

Le condamné ne dormait pas. Se doutait-il donc de quelque chose? En tout cas, sa détermination est bien prise; tant qu'il a douté, tant qu'il a espéré, la bête a dominé l'esprit. Maintenant, la matière est domptée, elle ne se révoltera plus. C'est d'un ton absolument calme qu'il demande :

— C'est pour ce matin?

M. Bauquesne lui fait signe que oui et lui annonce que son pourvoi a été repoussé, ainsi que son recours en grâce. Il lui recommande le courage.

— Soyez tranquille, j'en aurai, dit simplement le condamné.

Prévost n'est plus que l'ombre de lui-même, et certes, ceux de ses anciens camarades qui le verraient ne le reconnaîtraient pas. Ce n'est plus le brillant cent-garde, le beau sergent de ville qui captivait tous les cœurs. Ce n'est plus l'accusé au teint frais et coloré que nous avons vu à la Cour d'assises; ce n'est même pas le condamné au visage flétri et bourgeonné qu'on a transféré de la Conciergerie à la Roquette. C'est un grand vieillard d'une maigreur ascétique. Les joues sont creuses, les pommettes saillantes; l'absence de moustache fait paraître le nez crochu; le front est absolument jaune et parcheminé, toute la peau, du reste, a une teinte cadavéreuse que nous n'avons vue à personne, pas même au hideux Welker, l'assassin de la rue Nationale.

Cependant il est calme, il se lève et s'habille. Il voudrait, dit-il, changer de linge et mettre des vêtements « habillés ». On lui fait comprendre que c'est inutile. Il demande alors la permission de conserver ses pantoufles, « parce que ses souliers le gênent ».

L'abbé Crozes s'approche de lui. Prévost accueille avec reconnaissance ses consolations et lui remet un petit paquet qu'il veut laisser à son frère.

Le patient ayant la barbe et les cheveux coupés, la toilette est vite faite. Prévost demande qu'on ne l'attache pas.

— C'est, lui répond M. Deibler, une formalité nécessaire.

— Ah! alors, soit.

Cependant, bien qu'il soit près de sept heures, moment fixé pour l'exécution, le jour ne paraît pas encore. L'abbé Crozes lit les prières des agonisants. Prévost écoute et murmure :

— Je voudrais bien que mes camarades me pardonnent. Cette malheureuse administration que j'ai tant compromise !

Et, comme on lui demande s'il n'a rien à avouer :

— J'ai avoué les deux crimes que j'ai commis. C'est bien assez, malheureusement. Je n'ai pas fait d'autres fautes dans ma vie...

Enfin, l'aube paraît. L'écrou est signé. Le condamné se met en marche.

— Sabre en main !

A ce commandement bien connu, toutes les têtes se penchent vers la grande porte de la Roquette, qui vient de s'ouvrir. Mais il fait encore si sombre, qu'on n'aperçoit qu'un groupe, dans lequel on ne distingue rien. Cependant, la grande silhouette de Prévost s'esquisse bientôt dans la pénombre.

— Il va bien, disent les plus rapprochés.

Oui, il va bien. Droit, ferme, il s'avance vers la guillotine, dominant de sa haute taille l'abbé Crozes, qui lui vient à peine à la poitrine. A deux pas de la bascule, il s'arrête, se penche vers l'aumônier et dépose sur ses deux joues deux baisers retentissants. Puis, il embrasse le Christ.

— Du courage, dit encore le bon abbé.

— N'ayez pas peur, dit Prévost.

C'est sa dernière parole. Deibler lui a posé la main sur l'épaule. Il le bascule assez rapidement et lâche le ressort.

La tête tombe.

Le corps, droit et raide, est jeté dans le panier. On y joint la tête. On place le panier dans le fourgon, qui s'ébranle. On part pour Ivry.

Nous sautons dans une voiture toute prête et nous suivons le cortège. Nous prenons la rue de la Roquette, la place de la Bastille, la rue Contrescarpe, le pont d'Austerlitz, le boulevard de l'Hôpital. Les balayeurs, les ouvriers qui se rendent à leur travail, s'arrêtent pour voir passer le cortège. En tête, un gendarme, sabre au poing. Puis, devant le fourgon, trois autres : à droite et à gauche, deux. Derrière, le fiacre de l'abbé Crozes, la voiture de M. Macé, deux autres voitures contenant des journalistes. Tout cela au grand trot. Dans cette circonstance, les morts vont vite. On n'a que trois quarts d'heure pour arriver au Champ des Navets, et c'est loin.

. Avenue d'Italie, route de Choisy, la barrière. Partout le bruit de cette cavalcade matinale attire aux fenêtres des têtes curieuses. Nous voilà au cimetière. Le cortège tout entier s'y engouffre.

A deux cents mètres, sur le bord de la route,

un groupe : ce sont MM. Kuehn, commissaire de police de Gentilly, Provendier, officier de paix du 13ᵉ arrondissement, et les fossoyeurs.

La fosse est là; un trou carré, aussi profond et aussi large que long. A côté une bière de bois blanc, épaisse comme une feuille de carton.

On sort le corps déjà rigide. Nous sommes pourtant arrivés juste à l'heure : sept heures quarante-cinq. Tout le monde l'a constaté. On fouille encore dans le panier. C'est la tête — une vraie tête de cire. On la met dans la bière, entre les jambes. La bouche, qui a un rictus, semble baiser la cuisse droite.

L'abbé Crozes récite les dernières prières. Pauvre cher homme !... saint des derniers jours !... Il est là, son crâne dénudé exposé à la froide et humide bise ; il grelotte, mais il prie avec ferveur. Enfin c'est fini. M. Macé l'aide à remonter dans sa voiture. On cloue la bière; deux clous, pas plus, et on la hisse dans un fourgon des hôpitaux. Elle va à la clinique, 15, rue de l'École-de-Médecine. La Faculté a demandé le corps.

Dans la fosse, on vide le son taché de sang qui reste au fond du panier. Bien peu de sang. Ce squelette n'avait plus que la peau, les os et les muscles.

Allons à l'École de médecine.

Par quel malentendu M. le professeur Robin, qui avait réclamé le corps, ne se trouve-t-il pas là, lorsqu'on le lui apporte? Cela compromet singulièrement la valeur des expériences. D'ailleurs, il est huit heures et demie; il y a déjà une heure et demie que Prévost est mort; il serait difficile de constater sur son cadavre déjà froid aucun vestige de sensibilité.

Aussi les expériences se réduisent-elles à une simple autopsie. On ouvre le corps et on retire le cœur, le foie, la rate, les intestins, les yeux et le cerveau. On place tout cela dans autant de bocaux séparés, que les divers médecins se partagent pour les étudier à loisir. Le reste du corps lui-même est coupé en petits morceaux. Étrange loi du talion, la science traitant Prévost absolument comme il avait traité ses victimes !...

CHAPITRE XXXI

MÉNESCLOU

(Le crime)

Le crime de Billoir était affreux ; ceux de Prévost plus affreux encore ; il était donné à Louis Ménesclou — un garçon de vingt ans — de les dépasser tous deux en horreur.

On doit se rappeler cette affaire qui a ému tout Paris.

Au numéro 155 de la rue de Grenelle, au rez-de-chaussée, habitaient depuis sept ans les époux Deu, avec leurs sept enfants.

Le jeudi 15 avril, à trois heures, madame Deu alla voir son mari à l'hôpital Necker, où il avait été transporté à la suite d'une pleurésie; les enfants restèrent à la maison.

Un orage qui fondit sur Paris força les enfants

de cesser leurs jeux dans la cour. A ce moment la petite Louise, âgée de quatre ans, dit à sa sœur qui en avait huit :

— Je veux monter là-haut (là-haut voulait dire au cinquième étage — l'étage de Ménesclou) pour demander à ma petite amie Victorine la *pépée* qu'elle m'a promise.

La sœur monta avec Louise; on frappa à la porte des parents de la jeune camarade, Victorine.

Tout le monde était absent, et Louise s'obstina à rester assise sur les marches de l'escalier, en répétant à sa sœur qui descendait :

— Je veux ma *pépée*.

On ne s'en occupa plus : l'enfant avait l'habitude de vaguer dans la maison. Les voisins l'adoraient : Louisette, c'est ainsi qu'on l'appelait familièrement, était si gentille, que tout le monde la gâtait. Son absence ne causa donc pas d'abord d'inquiétude. Mais quand une heure et plus se fut passée sans qu'on la vît, la mère, qui venait de rentrer, s'inquiéta.

— Zézette !... cria-t-elle dans l'escalier.

Pas de réponse. Elle monta, frappa; on n'ouvrit pas.

Alors, elle redescendit et fit part de ses inquiétudes à madame Touré, blanchisseuse, dont la porte fait face à la sienne.

— Pourvu, dit-elle, que ce mauvais garnement de là-haut ne m'ait pas tué mon enfant!...

C'était comme un sinistre pressentiment.

C'est que le « mauvais garnement » était à craindre. Agé de vingt ans, Louis Ménesclou avait déjà causé bien des ennuis à sa famille. On avait dû tout jeune le faire embarquer comme mousse. Puis il était revenu et, malgré les prières de ses parents, on n'avait pu obtenir de lui aucun travail. Profitant de la faiblesse de sa mère, — faiblesse dont la pauvre femme a été bien punie, il passait ses journées dans les cabarets aux environs de l'École militaire, — quartier famé comme l'on sait ; — et il ne se montrait chez ses parents que pour boire, manger et dormir; de sorte que les habitants de sa maison avaient fini par le considérer comme un rôdeur de barrière, bon à tout, propre à rien et pouvant même devenir dangereux.

On comprend donc les appréhensions de madame Deu en apprenant que sa fille était allée aux étages supérieurs et n'était pas revenue. Toute émue, elle alla frapper à la porte de Ménesclou.

D'abord, elle ne reçut pas de réponse; mais comme une autre de ses filles lui dit qu'elle savait que le fils Ménesclou était là, elle continua à frapper. En effet, Louis Ménesclou ouvrit.

— Avez-vous vu mon enfant? lui demanda madame Deu. J'ai dans l'idée qu'elle est chez vous.

— Pourquoi voulez-vous qu'elle soit ici? Que pensez-vous que j'en fasse?

La pauvre mère descendit. Ses soupçons étaient de plus en plus tenaces. Elle se rendit au commissariat de police de l'avenue de Lamothe-Piquet et fit part de ses transes. Elle eut affaire à un employé qui ne s'occupa pas beaucoup de sa plainte. Dans ce quartier, où les enfants courent du matin au soir, une absence de quelques heures n'a rien d'inquiétant.

Madame Deu s'en retourna tout éplorée chez elle. Elle remonta encore chez Ménesclou. Les parents lui ouvrirent. On alla dans la chambre du fils *qui était couché;* on lui demanda de nouveau s'il avait attiré l'enfant chez lui. Il continua à nier et se retourna du côté du mur. On chercha sous le lit, où on ne trouva qu'une vieille caisse.

Or, à ce moment, le misérable était couché sur le cadavre de la pauvre petite Louisette, qu'il avait caché dans sa paillasse.

Et il passa la nuit comme cela!

Le lendemain, madame Dou, qui n'avait pas dormi de toute la nuit, alla trouver un fumiste de la rue Cler, et le pria d'aller regarder sur le toit de la maison et dans le grenier.

Le fumiste monta sur le toit et sentit une odeur nauséabonde le prendre à la gorge.

— C'est de la chair que l'on brûle, se dit-il, et il redescendit immédiatement faire part de sa découverte à quelques locataires.

On alla chez le commissaire de police, M. Bugnottet. Il était absent. Son secrétaire, M. Véron se rendit à la réquisition des habitants.

On arriva sur le palier du cinquième. L'odeur partait absolument de la chambre de Louis Ménesclou.

La porte de la chambre fut enfoncée.

Un épouvantable spectacle attendait les assistants.

Louis Ménesclou, vêtu seulement de son pantalon de marin, d'une chemise à raies bleues et chaussé d'espadrilles, se lavait les mains.

Le parquet et les meubles de la chambre étaient inondés de sang. Sur la table de la salle à manger étaient disséminés, pêle-mêle, des lambeaux de chair sanguinolente. De ce mélange de chair et d'os émergeaient deux pieds d'enfant, chaussés encore de leurs petits souliers.

Un seau, à moitié plein d'une eau rougie de sang, se trouvait au pied de la table.

Dans un des coins de la pièce, à côté d'un paquet de linges ensanglantés, on voyait un couperet auquel adhéraient des esquilles d'os et d'informes lambeaux de peau.

D'un poêle s'échappait une fumée lourde et nauséabonde. La porte du four de ce poêle fut ouverte... On aperçut une tête d'enfant à moitié calcinée !

Louis Ménesclou fut entraîné, emporté plutôt au poste. Là, il fut fouillé...

Des poches du pantalon de l'assassin un agent retira deux petits bras d'enfant ! deux petits bras désarticulés au coude, avec leurs mains mignonnes, blanchettes et potelées !

Lorsque sa porte avait été forcée, Louis Ménesclou avait, d'un mouvement irraisonné, cherché à cacher ainsi une partie du cadavre de la petite Louise.

Les agents eurent besoin de se retenir pour ne pas assommer le monstre sur place.

— Vous avez donc tué la petite fille d'en bas ? dit M. Véron.

— Oui.

— Pourquoi ?

— Je ne sais pas.

— Comment est-elle entrée chez vous ?

— Je l'ai appelée hier, au moment de l'orage, pour lui donner du lilas. Elle a crié...

— Et alors, que lui avez-vous fait ?

— Je l'ai étranglée.

— Pourquoi ?

— Parce qu'elle criait.

— Pourquoi criait-elle ?

Ici, pas de réponse.

Ménesclou a avoué ensuite avoir découpé sa victime en TRENTE-NEUF morceaux. On n'en a retrouvé que trente-cinq. Il a déclaré avoir jeté les quatre morceaux qui manquaient dans la fosse d'aisances. C'étaient ceux qui eussent pu servir à constater que l'assassinat avait été précédé d'un plus odieux attentat. L'état dans lequel on les a retrouvés n'a pu permettre d'être certain de la chose. Aussi Ménesclou l'a-t-il toujours niée.

A la suite de cette horrible découverte, une descente de justice fut ordonnée. Elle fut des plus mouvementée.

La foule, qui s'était amassée considérable, voulait *lyncher* l'assassin.

Quand, à six heures, après l'arrivée de MM. Ragon, juge d'instruction et Macé, chef de la sûreté, on vit descendre Méneselou du fiacre qui l'amenait, une clameur immense s'éleva.

— A mort ! à mort ! criait la foule.

Méneselou, les mains liées derrière le dos, la tête nue, le visage blême, une vareuse noire non fermée, une chemise d'oxford, sans cravate, sans gilet, un pantalon noir ne tenant plus que par le bouton de la ceinture, des bottines dont les lacets pendent, est hideux à voir. Il tremble et se serre contre les agents qui le conduisent.

Les locataires sont massés dans la cour qu'il doit traverser. Un homme, qui a toutes les allures d'un vigoureux et brave ouvrier, brandit le poing en s'avançant devant les magistrats et s'écrie :

— Livrez-le-moi, ce sera bientôt fait !

— Ne touchez pas à cet homme, répond M. Macé, qui, fort pâle, marche en avant... Il appartient à la justice.

Mais la mère de la pauvre petite victime a vu le meurtrier arriver. Elle accourt sur le seuil de sa porte, son dernier-né sur les bras et s'écrie :

— Vengez mon enfant... Tuez cet homme... Oh! mais tuez-le donc!...

Des voisins interviennent et font rentrer la pauvre mère chez elle, où elle s'évanouit.

On comprend que malgré les efforts des avocats qui plaidèrent « la jeunesse de l'accusé » le jury ne put accorder à Ménesclou de circonstances atténuantes. Il fut donc condamné à mort.

M. Grévy eût voulu lui faire grâce. Mais quand la nouvelle s'en répandit dans Paris, toutes les « tabatières (1) » du Gros-Caillou s'émurent et on craignit un instant une manifestation de femmes, demandant la tête de l'assassin.

Sous la pression de l'opinion publique, l'ordre suprême fut signé. L'exécution eut lieu le 7 septembre. C'est la dernière que nous ayons vue à Paris.

---

(1) Ouvrières de la manufacture des tabacs.

CHAPITRE XXXII

EXÉCUTION DE MÉNESCLOU

(7 septembre 1880.)

A cinq heures et demie, au jour levant, la tête de l'assassin de la petite Deu est tombée.

Depuis dix jours, deux ou trois mille curieux affluaient chaque soir place de la Roquette et y stationnaient toute la nuit, attendant toujours l'exécution, qu'on savait imminente. Ce n'est qu'à l'aube que cette volée de corbeaux de la guillotine se dispersait, pour revenir le lendemain.

Or, hier, justement, le hasard a voulu qu'un orage d'une violence extrême éclatât au moment où ils avaient pris l'habitude de se mettre en route. Ils se sont probablement dit que l'exécution ne se ferait pas par un temps pareil, car à peine étaient-ils cent cinquante au moment où nous sommes arrivés, — deux heures du matin.

La place de la Roquette, à cette heure, présentait un coup d'œil particulièrement sinistre. La pluie avait cessé, mais d'incessants éclairs déchiraient le ciel et illuminaient de leurs clartés violentes les grands murs noirs des deux prisons, l'allée où sont encastrées les cinq dalles légendaires de la guillotine, et les armes des troupes de service, qui arrivaient les unes après les autres. Tout cela, les hautes murailles nues, la colossale porte grise par où sortent les condamnés, les chevaux, les cavaliers enveloppés dans leurs immenses manteaux, se découpait un instant en fulgurantes silhouettes, puis tout rentrait dans la nuit, et l'on ne distinguait plus que des lanternes rouges qui allaient et venaient.

Une vingtaine de reporters, représentant les principaux journaux de Paris, étaient arrivés, lorsque tout à coup, avec une stupéfaction légitime mais impuissante, ils se sont vu intimer l'ordre de sortir de la place de la Roquette, et de rester avec le public ordinaire.

De très vives protestations ont eu lieu, mais, à

toutes les réclamations, les officiers de paix de service répondaient qu'ils avaient des ordres formels, concernant particulièrement la presse, et que pas un de nous n'assisterait de près à l'exécution.

Cela a duré deux heures, jusqu'à l'arrivée de M. Caubet, chef de la police municipale. Celui-ci a enfin reçu un délégué des journalistes présents, et, aux très vives observations de celui-ci, qui lui représentait que, sans la présence de la presse, l'exécution aurait un caractère de clandestinité, il a fini par se décider à laisser passer un reporter par journal.

Nous n'en avons pas été beaucoup mieux placés pour cela, d'ailleurs, car on avait pris soin de mettre devant nous une double haie de sergents de ville et de fantassins de la garde républicaine.

Ordinairement, c'est à trois heures qu'on voit sortir en cahotant de la rue de la Folie-Regnault, les deux lourdes voitures, dont l'une contient les bois de justice, et dont l'autre doit emporter au *Champ-des-Navets*, le cadavre du supplicié.

Cette fois-ci, il paraît que l'exécuteur des hautes-œuvres s'était réveillé trop tard, et il n'est arrivé qu'à quatre heures dix minutes. Pour rattraper ce retard, il s'est mis, en compagnie de ses aides et de deux charpentiers, à dresser la guillotine avec trop de précipitation. Quand on va trop vite, on fait de mauvaise besogne. Aussi, pour employer l'expression d'un des aides, « cela n'allait pas. » On ne pouvait parvenir à mettre d'aplomb sur le pavé le quadrilatère de poutres brunes qui sert d'assises à la laide mécanique. La lunette, mal accrochée, ne voulait pas jouer. Le couteau lui-même, — un fidèle serviteur, pourtant, en qui M. de Paris avait toute confiance ! — se refusait à glisser correctement dans les rainures. Bref, il a fallu ajuster, boulonner, cogner, limer, pendant un bon quart d'heure de plus qu'à l'ordinaire.

L'exécuteur, pour ne pas faire trop attendre le condamné, s'est décidé à entrer dans la prison avant que tout fût fini, laissant à l'un de ses aides le soin d'assurer le jeu du *tranchoir*.

Et, pendant tout le temps qu'a duré la toilette, celui-ci s'est livré à une gymnastique effrayante, hissant et laissant retomber l'instrument, avec l'air préoccupé d'un musicien qui accorde son violon...

Ménesclou, depuis quelques jours, était plongé dans un abattement profond. Il ne conservait presque aucune illusion sur son recours en grâce, ne mangeait plus, ne dormait plus.

A minuit, cependant, il sembla sortir de sa torpeur ordinaire. A travers l'étroite fenêtre de sa cellule, que battaient les averses, il voyait les éclairs. Il se tourna vers un de ses gardiens et, en essayant de sourire, lui dit :

— Allons, ce ne sera pas encore pour cette nuit, il fait trop mauvais temps. Je vais dormir.

Et il se déshabilla. A peine couché, il s'endormit profondément d'un sommeil de plomb.

Quand, à cinq heures cinq minutes, le directeur de la prison, le commissaire de police, M. Monsin, brigadier de la sûreté, remplaçant M. Macé, absent pour service, et les fonctionnaires d'usage pénétrèrent dans sa cellule, son sommeil durait encore. Il ronflait, étendu sur le dos, les bras hors du lit.

Il fallut le secouer quatre fois pour l'éveiller. Il se dressa enfin sur son séant, et regarda d'un œil hébété. Le greffier, en raison de sa surdité, lui lut très haut le rejet de son pourvoi et de son recours en grâce. Pendant cette lecture, on voyait que Ménesclou faisait des efforts désespérés pour entendre. Toute son âme était dans ses yeux, démesurément agrandis. Il entendit mal, mais il comprit bien, car, d'une voix étranglée, il murmura :

— Mon Dieu ! mon Dieu !

Ce furent les seules paroles qu'il prononça. Tout en écoutant machinalement l'abbé Crozes, il se laissa vêtir, ligotter, couper sa chemise. On lui apporta un verre de vin, il l'avala, et le cortège se mit en marche dans l'ordre accoutumé, à travers les corridors de la prison.

A cinq heures vingt-sept, la porte de la Roquette s'ouvre toute grande. Les gendarmes, depuis un quart d'heure déjà, ont mis le sabre hors du fourreau. Le couteau est levé. Tout est prêt. Il fait grand jour.

Le bourreau sort le premier, dandinant ses longs bras, l'air parfaitement indifférent. Puis vient l'abbé Crozes et, par derrière, le condamné soutenu par deux aides. Les autres aides ferment la marche.

Ménesclou marche très droit. Chose surprenante, depuis qu'il est sorti de sa cellule, sa figure s'est comme transfigurée à l'approche de la mort. Il est horriblement pâle, d'une pâleur qui tranche avec ses cheveux noirs, mais ses yeux sont brillants et un peu hagards. Ils vont de droite à gauche comme dans une hallucination ; la tête les suit. Il semble que l'assassin entrevoit des choses mystérieuses comme on en voit peut-être à cette heure-là. Ce n'est pas la terreur bestiale qu'exprime sa physionomie. C'est une sorte d'épouvante extatique, si l'on peut accoupler ces deux mots. Tout à coup, à l'autre extrémité de la place, près de la rue Servan, une voix grêle et un peu étranglée par l'émotion, chante par bravade, l'idiotie à la mode : — *Tiens, voilà Mathieu!...* C'est bête, mais quelque bronzé qu'on soit, cette plaisanterie, en un tel moment, vous fait mal au cœur !...

Le voilà devant la bascule. Pendant que l'abbé Crozes l'embrasse, on lui retire la veste qu'on lui avait jetée sur les épaules. Son corps, demi-nu, couvert de dartres rouges, apparaît presque jusqu'à la ceinture.

— Embrassez bien pour moi mon père, murmure-t-il en se tournant vers l'aumônier.

La planche bascule, on entend le cliquètement de la lunette, puis ce terrible coup sourd que l'on n'oublie jamais quand on l'a entendu une fois.

Le corps et la tête sont déjà dans le fourgon, tandis que les aides inondent d'eau la guillotine toute rouge de sang.

Je me souviens d'une théorie très curieuse que

j'ai entendu émettre au prédécesseur de l'exécuteur actuel.

— Quand les condamnés ont trop peur, me disait-il un jour, j'ai remarqué qu'ils ne saignaient presque pas. Le contraire a lieu lorsqu'ils meurent bravement.

Il faut croire que Ménesclou a conservé du courage jusqu'à la dernière minute, car il a perdu près d'un demi-seau de sang.

Au moment du départ du cortège funèbre pour le Champ-des-Navets, un incident a failli se produire. Le cheval du fiacre 148, celui qui, depuis la guerre, conduit toujours M. l'abbé Crozes les jours d'exécution a été changé. Au lieu du cheval blanc que nous connaissons, c'est un fougueux bai-brun. Il a peur de tout cet appareil de la justice humaine, et se met à ruer dans les brancards. On a toutes les peines du monde à le maîtriser et à le faire partir.

Au Champ-des-Navets, les prières d'usage ont été rapidement dites.

La Faculté de médecine avait réclamé le corps; mais, par suite d'un oubli, le commissaire de police n'avait pas encore reçu de la Préfecture l'autorisation nécessaire.

M. le docteur Sappey, qui se trouvait là, s'est

rendu aussitôt chez M. Caubet, mais il était déjà trop tard pour qu'une très curieuse expérience, projetée par M. Sappey, pût avoir lieu. Il voulait inoculer au supplicié le sang de deux jeunes chiens, pour voir s'il pourrait rétablir ainsi pendant quelques secondes, la circulation dans le cadavre encore chaud.

L'autopsie a dû, forcément, être remise à une heure de l'après-midi, et, en attendant, le cadavre a été mis en bière.

Nous avons voulu revoir à la fois, après l'expiation à laquelle nous venions d'assister, les parents de la victime et les parents de l'assassin.

C'est par la famille Deu que nous avons commencé.

Elle demeure toujours au même endroit, celui où le crime a été commis, 155, rue de Grenelle-Saint-Germain.

Nous avons aperçu madame Deu qui, justement, causait avec une voisine sur le pas de la porte. Elle parlait avec beaucoup d'exaltation et répétait, avec un accent de triomphe :

— C'est fait ! c'est fait !

Son interlocutrice lui ayant demandé si les parents de Ménesclou assistaient à son exécution :

— Je ne crois pas, a-t-elle répondu textuellement. *Mais c'était leur droit !...*

Presque tous les voisins étaient allés le matin à la Roquette, et bien que, naturellement, ils n'eussent rien vu, on se racontait l'exécution sur le pas de toutes les portes.

La famille Ménesclou ignorait encore, à midi, à l'heure où nous nous sommes présenté chez elle, que le condamné eût été guillotiné le matin. Elle ne l'aura appris que par les journaux de ce soir. Le père, qui est garçon au ministère des finances, était allé à son bureau, comme à l'ordinaire. La mère était à son travail, à la manufacture des tabacs. Elle y est employée depuis longtemps, et y est si estimée que le directeur a menacé d'un renvoi immédiat toute personne qui ferait l'allusion même la plus détournée à son malheur. Il en est de même au ministère, pour son mari.

Ce n'est qu'avec une difficulté extrême que nous avons trouvé l'adresse des parents de Ménesclou. On sait qu'ils demeuraient, 155, rue de Grenelle-Saint-Germain. Dès le lendemain du crime, ils quittaient cette maison, où ils n'ont jamais remis les pieds, et allaient loger dans un hôtel. Ce n'est que huit jours après et avec beaucoup de peine qu'ils ont trouvé, 82, rue de la Fédération, près du Champ-de-Mars, deux petites pièces qu'ils payent 200 francs par an.

La maison, toute peinte en *rouge*, est de la plus triste apparence. On dirait un décor de l'Ambigu. Ils y vivent tristement, et ne sont connus que sous le nom de M. et madame Louis.

Leur voisine de chambre, madame veuve Henry, une très brave femme, est presque seule à savoir leur malheur et fait tout au monde pour les consoler.

Elle nous a raconté que la dernière visite que M. Ménesclou ait fait à son fils a eu lieu samedi, dans l'après-midi. Le condamné a dit ce jour-là à son père : « Vois-tu, j'aime mieux que ça finisse » d'une façon ou d'une autre. »

Quelle douleur pour ces braves gens qui, malgré tout, n'avaient pas cessé d'aimer l'assassin !

Comme épilogue, j'ajouterai que la mère de Ménesclou, sous le poids de la douleur, du remords, de la honte, est devenue folle. Elle est maintenant à Sainte-Anne.

CHAPITRE XXXIII

LES QUARANTE JOURS

L'exécution de Ménesclou est la dernière qui ait eu lieu à Paris. Trois ans se sont écoulés et l'échafaud n'a été dressé qu'une fois... à Versailles.

Cela me donne du répit pour faire justice d'un préjugé populaire qu'à chaque exécution j'ai vu reparaître et combattre sans réussir à le déraciner.

C'est la fameuse légende des *quarante jours* qui doivent, prétend-on, s'écouler entre une condamnation à mort et l'exécution.

Chaque fois que l'occasion s'en présente, les journaux démentent l'existence de ce prétendu « délai réglementaire », mais cela ne sert absolument à rien. L'entêtement général est de force à résister à toutes les preuves possibles.

Et ce n'est pas seulement dans les classes populaires que règne ce préjugé... il existe également dans l'esprit de personnes éclairées... J'ai reçu, le 20 février 1881, une lettre, émanant d'un monsieur qui me paraît instruit, et dans laquelle — me rappelant que la condamnation de Foullois, date du 29 octobre 1880, — on me faisait observer que le « délai réglementaire » s'est écoulé plus de deux fois !

J'ai voulu savoir si, par hasard, à une certaine époque, ce délai n'avait pas réellement existé, et, pour cela, j'ai fouillé des montagnes de dossiers...

Dans l'ancienne législation, je n'en trouve aucune trace. Tantôt les procès duraient un temps interminable, allant de juge en juge, chacun cassant la décision de son prédécesseur; tantôt l'exécution suivait de près l'arrêt; *sitôt pris, sitôt pendu*, disait un dicton populaire. De délai de quarante jours, point...

Sous la Révolution, c'est pis encore... dans ce sanglant chaos, on se préoccupait bien d'une règle quelconque !

Je suis arrivé à l'Empire ; cette fois, sous la volonté de fer de Napoléon, tout marchait avec une immuable régularité. Eh bien! en compulsant les dossiers de Paris, pour les dix premières années du siècle, voici ce que je relève :

Cerrachi, Aréna, Demerville et Topino-Lebrun, condamnés le 9 janvier 1801, pour tentative d'assassinat sur le premier Consul, exécutés en place de Grève, le 31 janvier 1801, au bout de.................... 22 jours.
Saint-Régent et Corbon, condamnés pour tentative d'assassinat sur le premier Consul, affaire de la Machine Infernale. Condamnation du 5 avril, exécution du 21 avril. 16 —
Moreau et Venet (assassinat). ⎫ année 1802.
X... (assassinat)............ ⎬
X... (assassinat)............ ⎭ (Lacune).
L'épicier Trumeau, condamné le 22 mars 1801, pour avoir empoisonné sa fille, exécuté le 9 avril........................ 18 —
Raymond, dit Peschio Saint-Simon, condamné le 15 octobre 1803, pour *fausse monnaie*, exécuté le 22 octobre................. 7 —
Guinez, femme Brazier, fille Bruno, assassinat de la rue du Sabot, condamnés le 16 décembre 1803, exécutés le 31 janvier 1804. 45 —
Bonnel et Mathurin Thomas, *fausse monnaie*, condamnés le 21 février, exécutés le 23.... 2 —
Ménage, assassinat, condamné le 16 février, exécuté le 4 avril 1804................. 46 —

G. Cadoudal, Picot, Royer, Coster Saint-
Victor, Deville, Jolyant, Burban, Lemer-
cier, P. Cadoudal, Lelan, Mérille, Ducorps,
condamnés le 10 juin pour conspiration
contre l'Empereur, exécutés le 21........ 11 —
Bellanger, l'aveugle, condamné pour tentative
de meurtre, le 10 juin 1805, exécuté le 28. 18 —
Cartier, Senot, Brasseur, Dubois, Keller,
fausse monnaie. Condamnés le 5 août,
exécutés le 9........................... 4 —
Rousseau, Urbain, âgé de 64 ans, condamné
le 16 juillet 1805, pour assassinat, exécuté
le 26 août............................... 41 —
Descourtilz, dit Saint-Léger et Herbault, assassinat. Condamnés le 12 décembre 1805,
exécutés le 6 janvier 1806.............. 25 —
Lachener, meurtre de son fils. Condamné le
28 mai 1806, exécuté le 24 juin...... ... 31 —
Boulogne, condamné pour tentative d'assassinat, le 30 mai 1806, exécuté le 25 juin... 25 —
Barrois, condamné le 11 juin pour avoir assassiné sa femme, exécuté le 8 juillet..... 27 —
Sordeillet, le décrotteur du Palais-Royal, assassinat, condamné le 18 mars, exécuté le
8 avril...... .... 21 —
Catherine Bouhours (*Auguste Manette*), 22 ans,
condamnée le 30 avril 1808, exécutée le
16 mai................................. 16 —
Lepelley des Longs-Champs et Héluin (*Le
crime de la rue des Moulins*), condamnés le

1er juillet 1810, exécutés le 21............ 20 —
Berteron et Bondin, condamnés le 10 juillet
1811, pour vol, *avec les cinq circonstances
aggravantes.* (La nuit, à main armée, avec
escalade, dans une maison habitée, en
bande.) Exécutés le 27.................. 17 —

Je m'arrête à cet exemple, presque unique d'ailleurs, de la sévérité du Code de 1810. On peut voir que pendant les dix premières années du siècle, la période de quarante jours n'a aucunement existé. Trois condamnés seulement ont dépassé ce délai. La plupart ont été exécutés au bout d'un temps variant de quinze jours à un mois. Trois ont attendu moins d'une semaine. Ce sont les condamnés à mort pour *fausse monnaie*, crime qui, aujourd'hui, n'entraîne plus que les travaux forcés, et qui alors était jugé par une Cour spéciale, *sans appel.*

Je ne veux pas relever la liste complète de tous les guillotinés. Je me contenterai d'en mentionner quelques-uns avec les délais qui se sont écoulés avant l'exécution.

Je trouve :

De 1811 à 1815 : Terrier et Bonnin, dit Cadet, 2 jours; — Berta et Parmegean, 2 jours; — Michel, employé au ministère de la guerre, 16 jours ; — Perchette, sa femme et Pomera, 22 jours ; — Lomont, le logeur de la rue Tiquetonne, 6 jours ; — Mary, dit Boucher, 3 jours ; — Magloire, soldat au 40ᵉ de ligne, 1 jour.

De 1810 à 1820 : Les régicides Pleignier, Carbonneau et Telleron, 21 jours ; — Guerolt, *vol avec les cinq circonstances*, 28 jours ; — fille Hébert, 21 jours ; — Poulain, pour meurtre, 75 jours ; — Normand, 5 jours ; — Louvel, l'assassin du duc de Berry, 1 jour.

De 1821 à 1830, le délai moyen est d'un mois. Je dois citer cependant quelques exceptions, comme par exemple, le vicomte de Ruault, ex-sous-lieutenant au 2ᵉ cuirassiers de la Garde Royale, condamné le 20 octobre, pour avoir voulu poignarder le général Dujon, son parent et son colonel — et qui fut exécuté au bout de quatre jours, malgré les prières de la famille et les efforts de Mᵉ Chaix d'Est-Ange, son défenseur ; — Houster, dit *Dur-aux-Poules*, condamné pour assassinat, le 24 octobre 1821, exécuté le 30 ; — Les quatre sergents de la Rochelle, exécutés au bout de 15 jours ; — Brochetti, meurtre sur un gardien de Bicêtre, en 1825, 5 jours ; — enfin

Debacker, l'artilleur de marine qui tua sa maîtresse et une autre femme, 7 jours.

En 1832, nous trouvons le plus long délai qui soit à mentionner dans les annales. Il a eu lieu pour un nommé Désandrieux, rentier, âgé de 68 ans, qui avait tenté d'assassiner, pour le voler, un vieillard de 81 ans. Condamné à mort le 30 septembre 1831, Désandrieux attendit jusqu'au 3 février suivant son exécution. Il faut dire qu'en ce moment s'agitait vivement la question de la suppression de la peine de mort, et que l'application du jugement fut suspendue jusqu'à la solution. Ce fut Désandrieux qui, après *cent vingt-cinq jours* d'attente, étrenna la nouvelle guillotine, place de la Barrière-Saint-Jacques.

Le délai s'allonge du reste singulièrement ; il dépasse maintenant toujours un mois. Pour le parricide Benoît (1833) 40 jours. — Pour l'assassin Roch-Belard (1835) 40 jours, juste. — Pour Lacenaire et Avril (1836), 56 jours. — Seuls Fieschi, Morel et Pépin, condamnés pour régicide, furent exécutés au bout de 4 jours, et Alibaud, dans les 48 heures. — Même remarque pour Darmès, qui tira sur la voiture royale. Il est vrai que leur cas était tout particulier.

En revanche, en 1843, nous voyons Vallet, dit

Délicat, condamné le 30 octobre, n'être exécuté que le 9 février, au bout de *cent jours*.

Dans la liste des 40 condamnés qui, du 16 décembre 1851 à aujourd'hui ont eu la tête tranchée sur la place de la Roquette, j'ai peu de remarques à faire au point de vue des délais. Je trouve entre l'arrêt et l'exécution les périodes suivantes :

60 jours, — 65 jours, — 39 jours, — 37 jours, — 60 jours, — 7 jours (le régicide Pianori). — 47 jours, — 24 jours (le cocher Collignon, en 1855); — 45 jours, — 13 jours (Verger, l'assassin de Mgr Sibour, en 1857); — 36 jours, — 15 jours (Orsini et Pietri, en 1858); — 40 jours, — 36 jours, — 47 jours, — 33 jours, — 42 jours, — 32 jours, — 32 jours, — 23 jours (La Pommerais, en 1864); — 26 jours (Castex, en 1866); — 27 jours (Philippe, l'assassin des prostituées, 1866); — 11 jours (Lemaire, âgé de 19 ans, 1867); — 34 jours (Avinain, le *désosseur*, en 1867); — 20 jours (Momble, le parricide); — 20 jours (Troppmann); — 26 jours, — 38 jours, — 32 et 30 jours (Moreau et Boudas, 1874); — 33 jours (Bacquet, 1875); — 30 jours Gervais, l'homme de Bois-Colombes, 1876); — 40 jours (Billoir); — 20 jours (Welker, l'assassin de la petite OEkerlé, rue Nationale); — 27 jours (Albert, l'assassin de la Tour-Malakoff,

1877); — 38 jours (Barré et Lebiez); — 46 jours (Prévost); — enfin 38 jours pour Ménesclou.

Ainsi, à Paris, la ville où certainement les choses ont dû fonctionner le plus régulièrement, jamais ce délai de quarante jours n'a existé. Sur deux cents et quelques exécutions, j'en trouve juste *deux* arrivées quarante jours après l'arrêt!

Le fait est bien établi, n'est-ce pas? Les chiffres sont indiscutables? Eh bien, je parie qu'un lecteur, après les avoir longuement compulsés, dira, en secouant la tête :

— C'est égal, il y a un délai de quarante jours!

CHAPITRE XXXIV

LE PARRICIDE LANTZ

(31 mars 1857.)

Avec le courant des idées de clémence quand même, l'exécution du parricide Lantz fut un cas exceptionnel.

Un cas exceptionnel, disons-nous. C'était en effet un monstre d'une espèce heureusement bien rare que Pierre Lantz. Depuis le temps écoulé, on a oublié son crime. Il est bon de le rappeler en quelques mots.

Pierre Lantz appartenait par la naissance à cette contrée dont, après douze années, nous pleurons encore la perte; à cette terre si française, qui, malgré la similitude de mœurs et de langage, ne peut se faire à la domination allemande. Il était né à Lixheim (Meurthe) et après avoir opté pour la nationalité française, en 1872, il avait servi cinq ans dans nos armées. Puis il était allé en Amérique, était revenu aussi misérable qu'au départ, et, pendant plusieurs années, n'avait vécu qu'en pressurant et en maltraitant son père, un pauvre vieillard qui, à diverses reprises, avait dû demander à la justice protection contre les odieuses brutalités de son indigne fils.

— Je crèverai la peau au vieux !... disait Pierre Lantz, et, en effet, tous les voisins, témoins des scènes scandaleuses qui se passaient chaque jour, s'attendaient à un horrible drame. Cela ne manqua pas. Dans la nuit du 15 au 16 décembre 1880, un voisin de Lantz, le sieur Nesling, fondeur, entendit des menaces, des cris suivis de la chute d'un corps sur le plancher, puis ensuite le bruit d'une lutte dans le corridor. Il alla prévenir le maire, et, en passant, il aperçut Pierre Lantz, accroupi sur son père et lui frappant la tête contre le mur. Ce dernier demandait grâce et s'écriait : « Je t'en prie, laisse-moi, ne me tue pas ! » Pendant le reste de la nuit, après cette scène, l'inculpé ne cessa de chanter.

Le lendemain 16 décembre, les époux Bonsing,

neveux de Lantz père, vinrent voir leur oncle ; ils le trouvèrent alité, la figure tuméfiée, portant des traces de sang et le corps endolori par les coups qu'il avait reçus.

Le vieillard raconta la scène de la nuit en ajoutant qu'une fois à terre, son fils s'était livré sur lui à des actes odieux et était sorti après lui avoir pris le peu d'argent qu'il possédait.

Le jour suivant, c'est-à-dire le vendredi, la femme Bonsing, voulant apporter du lait à son oncle, trouva la porte d'entrée fermée. Elle réussit cependant à l'ouvrir, mais elle ne put enfoncer la porte de la chambre à coucher.

Ayant alors regardé au travers d'une fenêtre, elle ne vit personne dans cette chambre. Les rideaux du lit étaient fermés ; sur le bord de la fenêtre se trouvaient un pantalon gris et un foulard, appartenant à Lantz fils ; près de là, il y avait une taie d'oreiller tachée de sang.

Inquiète, la femme Bonsing revint bientôt.

Le pantalon et le foulard avaient disparu ; la taie d'oreiller avait été jetée sur la table.

Il était environ neuf heures du matin, et, à ce moment, la femme Bonsing, qui n'avait pas pénétré dans la maison, rencontra dans la rue le maire, à qui elle raconta ce qui se passait, et, en même temps, deux individus, Kluss, journalier, et Stricker, surveillant de routes, qui, tous deux, lui déclarèrent qu'ils venaient de voir sur la route le fils Lantz, portant un paquet sous le bras et s'éloignant du côté de la frontière ; ils l'avaient parfaitement reconnu.

On pénétra alors dans la chambre du père Lantz. On découvrit le cadavre tout chaud encore, noir d'ecchymoses et présentant les traces non équivoques de la strangulation, ainsi que la fracture de deux côtes... On constata aussi les actes odieux et hors nature dont nous avons parlé plus haut et qui, en aucun langage, ne peuvent même se désigner !...

Pierre Lantz s'était sauvé en France et était venu demander asile à sa sœur à Paris. Demander !... exiger avec coups et menaces de mort !... la sœur, épouvantée, le fit arrêter.

Lantz nia d'abord. Mais il eut contre lui tous les témoignages, et notamment celui de son frère, un brave brigadier d'artillerie, qui, d'une voix émue et indignée, s'écria en montrant le parricide :

— Celui-là est un lâche et un misérable, et j'espère que la justice n'aura pas plus de pitié pour lui qu'il n'en a eu pour notre pauvre père !

Lantz fut donc condamné à mort. Mais son avocat découvrit un vice de forme. L'arrêt fut cassé et l'accusé renvoyé devant les jurés de Seine-et-Oise, qui, remplis d'horreur, rendirent de nouveau une sentence capitale.

C'est ce qui explique pourquoi c'est à Versailles que le parricide de Lixheim a expié son forfait.

Nous connaissions le lieu des exécutions pour l'avoir déjà vu, en une circonstance analogue, lors de l'exécution de Roux, ce sinistre voyou de dix-huit ans, qui avait étranglé une vieille femme à Argenteuil. C'était alors au mois de juin, par un soleil splendide. Hier matin, au contraire, la pluie tombait à torrents à travers la nuit noire. Sinistre temps pour une sinistre besogne!... disaient tous ceux que la curiosité avait tenus éveillés.

— Ce sera la première fois, depuis dix ans, qu'il aura plu un jour d'exécution, répondaient les autres.

Mais voilà que, vers trois heures et demie, le ciel se découvre, les étoiles pointent une à une à l'horizon, la pluie cesse, et c'est par une nuit claire et magnifique que nous passons la barrière des Chantiers pour arriver au pont Colbert.

Nous revoyons, aux premières lueurs de l'aube,

ce paysage charmant. D'un côté, les bois de Buc, avec les sentes mystérieuses s'enfonçant dans le feuillage, à droite un vieux mur qui borde le magasin des fourrages militaires — où tout à l'heure on a eu une alerte, car un autre misérable, un Belge, nommé Boulanger, a, par vengeance, mis le feu à une meule de paille. Tout près — derrière nous, l'ancien Hippodrome de Porchefontaine, à travers lequel les trains passent, traçant un sillon de feu dans le lointain encore sombre...

Et, comme constraste terrible, au milieu de tout cela, sur le trottoir de gauche de la route de Jouy, sur l'herbe déjà couverte de pâquerettes et de petites fleurs bleues, la guillotine, les échelles, les seaux, tout le funèbre matériel de M. Deibler.

Il était là aussi M. Deibler, pâle, agité, nerveux, tremblant — pour employer un mot vulgaire, *il avait le trac...* — Fâcheuses dispositions en ce moment surtout où tout ce qui peut rendre repoussant le grand acte de la justice doit être évité, et où la moindre maladresse eût pu être exploitée et susciter une nouvelle « question Montcharmont ».

Cette émotion était telle que M. Deibler est allé demander à M. Charles Baudat, commissaire central, de « faire éloigner les journalistes qui l'intimidaient ». Avec une convenance parfaite, M. Baudat a rassuré l'exécuteur en assignant à la presse une place d'où tout le monde pouvait bien voir — sans que M. Deibler fût troublé par ces terribles reporters qui lui causaient tant d'épouvante.

Les mesures d'ordre, du reste, ont été admirablement organisées. Une haie faite par deux compagnies du 2ᵉ régiment du génie, maintenait au large les curieux que refoulaient au besoin les sergents de ville de Versailles, agissant comme escadron volant. En avant et en arrière, deux pelotons de cuirassiers barraient la route... Et néanmoins, derrière les haies, dans les broussailles, cachés là depuis la veille, des hommes, des femmes, des enfants passaient leur tête entre les branches feuillues, contemplant d'un œil avide la guillotine dont la silhouette se détachait dans la pénombre.

A quatre heures et demie, M. Deibler, à demi rassuré, monte dans un fourgon et se dirige vers la prison Saint-Pierre, où, depuis soixante-dix-huit jours, le condamné attend.

Il trouve là MM. Vallée, directeur des prisons de Seine-et-Oise ; Masson, gardien-chef ; Durand,

18.

commissaire de police du canton Nord; le docteur Berrigny, médecin des prisons, et enfin M. le pasteur Passa, qui doit, au moment suprême, assister le patient, qui appartient à la religion réformée.

Pierre Lantz occupait la cellule n° 4. C'était, a dit M. Masson, un désagréable prisonnier, brutal, insolent, disposé à la révolte. Cependant, depuis quelques jours, l'idée que — comme tous les autres — il allait être gracié, l'avait rendu plus sociable. Il buvait, mangeait bien, lisait toute la journée et dormait d'un bon sommeil. La veille seulement, comme M. Masson, craignant une tentative de suicide, lui avait fait mettre la camisole de force, Lantz, furieux, s'était répandu en invectives et en menaces.

Quand, à cinq heures huit minutes, on pénétra dans la cellule, Lantz sommeillait. Ce fut M. Passa qui se chargea de l'avertir. S'approchant doucement du lit, il toucha du bout du doigt l'épaule du condamné.

Celui-ci eut un tressaillement, bien vite réprimé, et ouvrit les yeux.

— Mon pauvre Lantz, lui dit le pasteur, la miséricorde divine vous reste seule, car la justice des hommes vous réclame.

Lantz se dressa sur son séant. Il jeta les yeux autour de lui, puis il retomba sur son lit. On craignait une syncope. Le docteur Berrigny lui prit le bras et toucha le pouls :

— C'est un simple saisissement, ce n'est rien.

D'une voix très douce, comme s'il eût parlé à un enfant, le pasteur se mit à encourager Lantz. Celui-ci, qu'on venait de débarrasser de la camisole de force, se remit, se leva et s'habilla. Pendant ce temps, le pasteur récitait à mi-voix en français les prières des agonisants. Lantz écoutait attentivement...

C'était une scène des plus impressionnantes. Le directeur, le gardien-chef, et le docteur avaient peine à contenir leur émotion.

— Je suis prêt, dit simplement Lantz quand M. Passa eut terminé.

La toilette fut rapidement faite. Les condamnés à mort ont toujours d'avance les cheveux et la barbe coupés ras ; il ne s'agit donc plus que de couper le col de la chemise et de les attacher. Au moment où, malgré toutes les précautions, l'acier des ciseaux toucha le cou, Lantz eut un frisson qui lui secoua tous les membres.

— Mon ami, voulez-vous prendre un cordial...

un peu de rhum ou de cognac avec du sucre ? demanda M. Masson.

— Non, merci, je ne veux rien...

— Vous voyez, Lantz, fit observer alors M. Passa, que M. Masson ne vous garde pas rancune pour votre emportement d'hier.

— Il faut me pardonner, monsieur le gardien-chef, répond Lantz, je suis vif, je vous demande pardon.

M. Masson lui serra la main, ainsi que les autres gardiens. On sortit de la prison et on monta dans le fourgon. Une planche mise en travers formait banquette. Le condamné et le pasteur y prirent place. Les aides s'assirent dans le fond. L'exécuteur Deibler se plaça dans le « cabriolet » devant, à côté du conducteur.

On partit pour le pont Colbert.

Là, nous attendons, rangés sur le bord de la route, au milieu du carré formé par la troupe et ayant en face de nous, sur l'autre bordure, la guillotine, à laquelle les rayons du soleil levant prêtent des tons fauves... car il fait soleil maintenant, un soleil qui cuivre les nuages, et auquel, — misère ! les petits oiseaux qui s'éveillent dans le bocage, disent bonjour, en gazouillant...

Six heures juste. La grille de la barrière des

Chantiers, fermée pour contenir la foule, s'ouvre afin de donner passage au cortège du condamné. La voiture franchit cette grille, entourée par une escorte de gendarmerie à cheval, et, du même coup, sous le ventre des chevaux, sous les roues du fourgon, passent, au risque d'être écrasés, cent gavroches qu'une âpre curiosité talonne et qui s'éparpillent sur la route, pourchassés par les soldats.

Les cuirassiers s'écartent et referment leurs rangs. Les gendarmes se placent en bataille en face de l'échafaud. Le fourgon s'arrête à vingt-cinq mètres.

Vingt-cinq mètres, la distance que le parricide, par l'aggravation que la loi réserve pour son crime, doit parcourir pieds nus, en chemise et la tête recouverte d'un voile noir.

Il a, en effet, le voile noir sur la tête et une longue chemise, — ou plutôt une sorte de peignoir, par-dessus son veston et son pantalon.

Il descend péniblement du fourgon et, en posant ses pieds nus sur la terre glacée, il a un tressaillement. Mais il se remet et s'avance, soutenu d'un côté par un aide, de l'autre par le pasteur avec lequel il s'entretient. Il marche d'un pas aussi ferme que le permettent les entraves qu'il a aux jambes. M. Deibler qui, lui aussi, est descendu et se dirige vers la guillotine, a l'air moins assuré que lui.

On enlève au condamné le peignoir et le voile. Il échange avec le pasteur un suprême baiser, et après un regard circulaire, il considère de haut en bas la guillotine, vers laquelle il fait un mouvement. Mais M. Chaussier, huissier de Cour d'assises, intervient s'apprêtant à lire l'arrêt :

— Non, non, répond le pasteur. Il est inutile de prolonger l'agonie de ce malheureux. Le document a quatre pages. Puis donnant un petit coup sur l'épaule de Lantz:

— N'est-ce pas, Lantz, vous donnez acte de cet arrêt ?

— Oui, oui, répond Lantz, plutôt du geste que de la voix.

— Vous voyez, il vous en donne acte.

Sur un signe de M. le greffier Grison, l'huissier n'insiste pas et se retire. Lantz qui a conservé son calme, demande à M. Passa de l'embrasser de nouveau...

Combien dure cette scène ? Une ou deux minutes. Pour les assistants cela semble un siècle.

Ce qui semble encore plus long, c'est l'espace qui s'écoule entre le moment où M. Deibler, prenant le patient par les épaules, le couche sur la planche à bascule et celui où, après l'avoir arrangé et disposé à sa guise, — comme un coiffeur qui installe son client dans un fauteuil à dossier, — il se décide à pousser le déclic qui fait tomber le couperet !

Plus d'une minute ! Du temps de M. Roch cela durait à peine dix à quinze secondes !

Enfin, la tête tombe : c'est fait !

Pendant que le fourgon, escorté par M. le commissaire Chauvin, du canton Sud, emporte vers le cimetière des Gonards, le panier qui contient les restes du supplicié, la foule, qui n'est plus contenue, accourt, avide de voir le sang, et nous reprenons le chemin de Versailles... Étrange particularité !... à peine avons-nous repassé la barrière, que le soleil se voile et que la pluie recommence à tomber.

Le médecin en chef de l'hospice de Versailles avait fait réclamer à l'avance le corps pour y pratiquer des expériences. A peine inhumé, le cadavre a donc été retiré de la fosse et transporté à l'hospice.

Qu'ont pu être ces expériences ? Peu concluantes, évidemment. Ce que n'ont pas donné les expériences faites sur le corps de Prunier, à Beauvais, cinq minutes après le supplice, celles dont est l'objet un cadavre enterré et exhumé pourraient-elles le fournir ?

CHAPITRE XXXV

L'ÉCHELLE DES PEINES. — CONCLUSION

Et maintenant arrêtant ce livre au commencement de 1883, alors qu'un an s'est écoulé sans exécution capitale et que les récentes commutations de peines me démontrent surabondamment qu'il n'y en aura pas de longtemps, — s'il y en a encore avant que la peine de mort soit légalement abolie, — je dois, en manière de conclusion, dire quelques mots des vices de la répression criminelle.

La peine de mort a de nombreux adversaires, qui iraient, — le cas s'est présenté, — jusqu'à essayer de faire fuir un assassin, pour lui éviter la guillotine.

Chaque fois que les cellules de la Roquette ont

eu un hôte nouveau, ces prétendus philanthropes se sont mis en campagne.

Entre autres arguments pour arriver à leur but, ils en ont un qui réussit presque toujours, c'est la jeunesse des assassins. Cet argument a sauvé il y a deux ans Gilles et Abadie, — les assassins de Montreuil, — comme il avait quelques mois auparavant sauvé les deux horribles drôles qui avaient commis le parricide d'Auxerre : Perrot et Barré, comme il a sauvé depuis, Bistor, Foullois et bien d'autres :

— Ils sont si jeunes, dit-on, voulez-vous commettre cette barbarie de tuer des enfants ?

Eh! c'est précisément dans leur jeunesse que je trouverais, moi, un argument pour la thèse contraire.

Je pardonnerais presque à l'homme âgé, vieilli dans la lutte de la vie, aigri par de longues années de fatigues stériles, de travail sans résultat, de misères méritées ou imméritées, endurci au mal, devenu envieux, assouvissant en une seule fois toutes ses haines par un crime qui est pour lui presque une loi du talion.

Je ne me sens aucune pitié pour les monstres précoces qui, comme Gilles, parlent de leur crime avec un bon sourire angélique sur leurs lèvres roses, dont les joues se couvrent d'une rougeur pudibonde lorsqu'on énumère leurs raffinements de cruauté, lorsqu'on leur fait des reproches qu'ils acceptent comme autant d'éloges. Ce sont des « fleurs » si vous voulez, mais des fleurs pourries sur leur tige dès le début de leur croissance et qu'il faut extirper au plus vite, si vous voulez sauver le jardin.

Ce sont des enfants, dites-vous. Écoutez ces enfants : « La vieille a été vite finie, mais le vieux a été bien dur. » — C'est Perrot qui parle de son grand-père et de sa grand'mère. — « Quand nous avons eu fini, continue-t-il, nous sommes allés au poulailler. J'avais pris froid en attendant le « moment ». J'étais enroué. J'ai mangé des œufs crus pour m'éclaircir la voix. Il n'y a rien de tel. Et puis nous avons fait un brûlot. J'avais du sang aux mains. A la flamme de l'eau-de-vie, ça sentait le boudin grillé !... »

Le cœur se soulève à ces horreurs, la plume se refuse à continuer, et vous parlez de conserver ces enfants-là pour le repentir !...

Non, pour ceux-là comme pour bien d'autres le repentir n'existe pas. Il ne peut exister. Il y a pour cela une bonne raison. Il n'y a pas chez eux de conscience. Ce sentiment est absolument atrophié! Ces bébés ne sentent en tuant un homme, — cet homme fût-il leur père — aucune espèce d'émotion. Je les ai vus de près, dans mes dix années de reportage, je les ai entendus dans les couloirs des juges d'instruction. Quand ils se croyaient à l'abri de tout œil indiscret, de toute oreille attentive, ils riaient, ils plaisantaient, ils discutaient leurs chances de salut... car pour eux le salut, c'est la vie sauve, ne l'oubliez pas.

« Je suis trop jeune », se disent-ils, et c'est pour cela qu'ils se dépêchent de commencer avant d'avoir vingt ans, afin que la guillotine ne les atteigne pas. Et c'est pour cela que vous avez maintenant tant de jeunes assassins. Si nous comptions, ce serait terrifiant : dans l'espace de quelques années nous avons eu les trois assassins d'Argenteuil, partant « en ballade » de Versailles pour tuer une vieille femme, volant tout le long de la route, et, une fois le crime commis — déjeunant joyeusement et faisant leur partie de piquet au-dessus de leur victime qui râle. Ils avaient dix-sept et dix-huit ans ! Nous avons eu Perrot et Barré, déjà nommés, qui, pour aller « saigner » leurs vieux parents, ont, eux aussi, fait à pied le voyage de Paris à Auxerre — quarante-deux lieues. Nous avons eu le jeune Olivier, un enfant d'avenir, qui a assassiné sa cousine à coups de rouleau pour lui voler une montre, et qui avait, pour détourner les soupçons, montré un machiavélisme qu'envieraient bien des vieux « chevaux de retour ». Nous avons eu Abadie et Gilles. Nous avons eu Félix Lemaître, cet apprenti de quatorze ans qui a éventré un bébé de six ans, pour « se procurer des émotions ». Nous avons eu Foullois; nous avons eu Ménesclou. En cherchant bien, nous en trouverions d'autres car la province comme Paris, pourrait fournir son contingent.

Je n'ai donc pas plus de pitié — moins peut-être — pour ces jeunes assassins que pour les autres.

Pour tous, la peine de mort est une horrible nécessité, mais c'est une nécessité.

Ce n'est point par amour du sang, par désir du spectacle repoussant et fort peu imposant d'une exécution capitale, que je tiens à l'application de la peine de mort. C'est parce qu'après avoir bien vu, bien examiné, bien discuté, bien pesé toutes les raisons pour et contre, je suis arrivé à la persuasion, à la certitude que c'est la seule chose qui retienne un peu les assassins — j'entends les assassins *de profession*. Car, pour ceux que j'appellerai les assassins *d'occasion*, ceux qu'un sentiment de colère, une passion, une haine, une vengeance poussent au crime, aucune menace, fût-ce celle d'être brûlé vif ou écartelé, ne pourra les retenir.

Et voyez la bizarrerie !... C'est à ceux-là qu'on fait le moins souvent grâce ; c'est pour ceux-là que le public n'a aucune pitié. Ainsi, par exemple, en 1879, le Président de la République ayant à choisir entre Lequette, Martin, Prunier, tous trois condamnés à mort, a gracié les deux premiers qui étaient *des assassins de grand chemin* et a laissé s'accomplir le sort du dernier qui avait commis *une action de folie évidente :* le viol, deux fois répété, d'un cadavre !

Eh ! bien, si j'avais une préférence, c'est pour les criminels extraordinaires que j'aurais de la pitié, c'est à ceux-là que je laisserais la vie !

Supposez que Billoir n'ait pas été découvert, il y a cent contre un à parier qu'il n'aurait pas, dans tout le reste de son existence, fait le moindre mal à personne.

Supposez qu'on lâche Gilles et Abadie, dans quinze jours ils assassineront quelqu'un...

On prétend que la peine de mort n'empêche aucun crime. C'est une erreur absolue, et il ne faut pas avoir vu de près les malfaiteurs pour conserver cette erreur.

Il y a, pour ne citer qu'un exemple, toute une classe de voleurs, connus sous le nom de *chevaliers grimpants, voleurs au bonjour, voleurs à la flan*. Leur spécialité consiste à monter dans les maisons, et à ouvrir les portes au hasard. S'ils ne trouvent personne, ils pillent et dévalisent l'appartement. S'ils se heurtent à quelqu'un, ils demandent M. Durand ou M. Dubois, s'excusent de leur erreur et vont plus loin.

Or, ces individus sont tous des repris de justice ; beaucoup sont en rupture de ban ; quelques-uns sont recherchés par la police.

Ils savent que s'ils sont pris, ils auront les travaux forcés.

Admettons que la peine de mort soit supprimée. Ils se diront :

Si l'on m'arrête, les travaux forcés.
Si je tue, les travaux forcés ;
Si je tue, je puis échapper,
Je ne risque pas davantage,
Et je puis me sauver.

Donc, n'hésitons pas, tuons.

Et ils tueront.

Toujours.

Actuellement, la perspective de la guillotine seule empêche dix assassinats par jour à Paris.

Et maintenant, si vous voulez supprimer la peine de mort, je le veux bien, mais à la condition que vous la remplacerez par une autre peine qui nous protégera.

Car moi, j'envisage le code pénal, non pas au point de vue de la *punition* des criminels, mais au point de vue des attentats à prévenir.

Ce n'est pas une vengeance que je désire, mais je tiens à faire peur à ceux qui sont tentés de mal faire.

En exécutant un assassin, je veux maintenir par la peur ceux qui sont tentés de l'imiter.

C'est barbare, je ne vous dis pas le contraire, mais la vie d'un assassin ne vaut pas celle d'un honnête homme, et comme on dit dans mon pays : « J'aime mieux tuer le diable que le diable me tue. »

Eh bien ! trouvez une peine qui épouvante les criminels sans effusion de sang, je l'accepte avec enthousiasme.

Mais en tout cas ce ne sera pas celle des travaux forcés.

Si vous saviez comme ils s'en moquent, si vous saviez comme ils en rient, de ces travaux forcés!

Ah! quand il y avait le bagne, le bagne hideux, avec la chaîne, les forçats accouplés deux à deux, traînant au pied la manille, exposés à l'opprobre public, exécutant les travaux les plus pénibles du port, dans la vase puante, menés comme des bêtes de somme par le bâton de l'argousin... Oui, cela les effrayait.

Mais maintenant, comme Sganarelle, nous avons changé tout cela. Nous avons un bagne à l'eau de rose, un petit bagne de famille.

Le décret du 27 mars 1852, et ensuite la loi du 30 mai 1854, y ont mis bon ordre.

Plus de boulet, plus de chaîne. Les condamnés sont libres.

On se contente de les changer d'air.

Et par un soin tout paternel, comme l'air de la Guyane où on les envoyait d'abord, a été reconnu très malsain, on a supprimé la Guyane, comme colonie pénitentiaire pour les forçats du continent, et on les a envoyés dans la Nouvelle-Calédonie, où ils sont bien mieux.

On leur donne du terrain, on leur donne des

outils, on leur donne des semences et des subsides... ce qu'on ne ferait pas pour des colons libres...

Pourvu qu'ils se conduisent bien — et la chose est facile — on leur donne l'autorisation de contracter mariage ou d'appeler leur famille auprès d'eux dans la colonie.

Ils peuvent même devenir concessionnaires d'un terrain avec la facilité de le cultiver pour leur propre compte. Ils peuvent jouir enfin, partiellement ou intégralement, de l'exercice des droits civils dans la colonie.

Et pour pousser jusqu'au bout la condescendance, on a pris soin de supprimer le nom de *forçats*. Les condamnés s'appellent maintenant des *transportés*.

Franchement, comment voulez-vous que cette perspective épouvante des gens comme Gilles et Abadie, qui vivent péniblement sur le pavé de Paris et à qui on fait entrevoir les moyens de faire fortune... en passant par le crime.

Et voilà pourtant la seule peine qu'on ait à proposer pour remplacer la peine de mort!

En revanche, au-dessous de celle-là, nous en

trouvons une beaucoup trop forte, proportion gardée : je veux parler de la réclusion.

J'ai vu de près les réclusionnaires et j'ai été épouvanté.

Vous connaissez le régime auquel ils sont soumis. En cellule, nourris au pain de son et à l'eau, privés de vin, de bière, de toute boisson réconfortante; astreints au silence le plus absolu; forcés à un travail assidu, payé très bon marché, et dont ils ne touchent qu'un quart.

Moi qui suis habitué aux plus effroyables spectacles, qui ai vu sans pâlir des cadavres sanglants, hachés, défigurés, je n'ai pu retenir un frisson quand, à Melun, un jour, l'on m'a fait voir les faces terreuses, les échines courbées, l'œil sournois et craintif de ces vivants condamnés à la tombe pour cinq ou dix années, et qui ne reviennent au monde que cadavres ambulants.

Ah! leur peine est bien plus dure que celle des travaux forcés. Et pourtant elle est d'un degré au-dessous.

Volez, vous serez condamné à la réclusion; tuez, vous irez à la Nouvelle-Calédonie.

Parbleu, vous seriez bien bête de ne pas tuer!

C'est le raisonnement que se font, du reste, ces malheureux. Aussi en avons-nous vu un, il y a deux ans, à Melun, venir dire à son directeur :

— Monsieur, je ne puis supporter l'existence de la Maison centrale. J'ai mon frère qui est à la « Nouvelle » et qui m'a écrit qu'on s'y portait très bien. Je veux y aller. Obtenez-moi cela.

Le directeur essaya de lui faire comprendre que cela ne dépendait pas de lui. L'autre insista.

— Eh bien, monsieur le directeur, je commettrai un crime. Je ne suis pourtant pas un méchant garçon. Mais, puisqu'il n'y a pas d'autre moyen, je frapperai quelqu'un. Je ne le tuerai pas, pour ne pas être guillotiné; mais je le blesserai.

En effet, huit jours plus tard, il plongeait dans le dos de son gardien un morceau de fer arraché à son lit et aiguisé sur le pavé de sa cellule. Il fut condamné aux travaux forcés à perpétuité.

— Merci, messieurs, dit-il, c'était ce que je voulais.

Ce cas s'est renouvelé fréquemment.

Ainsi donc voilà des gens qui commettent un crime dans le seul but d'avoir une aggravation de peine, parce que cette aggravation de peine, ce sont les travaux forcés.

Donc, si c'est par la crainte des travaux forcés

que vous espérez empêcher les crimes, vous vous trompez étrangement.

Et c'est pour cela que — malheureusement — la peine de mort qui seule protège les honnêtes gens contre les assassins, est une chose indispensable.

FIN

TABLE DES MATIÈRES

I. — Histoires, légendes et chansons de la guillotine 1
II. — Les exécuteurs. — Les 173 têtes de M. Roch. 14
III. — Le bilan des exécutions 32
IV. — Exécution de Moreux 36
V. — Exécution de Couturier. 44
VI. — Les crimes de Charbonnières. — La chasse à l'homme. 51
VII. — Exécution de Poirier. 65
VIII. — Moreau et Boudas. 76
IX. — Exécution de Moreau et de Boudas. . . . 79
X. — Bacquet. 89
XI. — Gervais, l'assassin de Bois-Colombes . . . 97
XII. — Exécution de Gervais. 102
XIII. — Billoir. — L'affaire de la femme coupée en morceaux 112
XIV. — Exécution de Billoir. 119
XV. — Exécution de Roux, à Versailles 127
XVI. — Le crime de la rue Nationale, Welker . . 135
XVII. — Les obsèques de la victime. 143
XVIII. — Exécution de Welker. 149
XIX. — Affaire Albert. — Le crime de Malakoff. . 157
XX. — L'expiation 160

XXI. — Corsinesco. — Une exécution dans une maison centrale	176
XXII. — Le parricide Louchard	189
XXIII. — L'affaire de la rue Poliveau. — La découverte du crime.	199
XXIV. — Les assassins.	209
XXV. — Exécution de Barré et Lebiez.	223
XXVI. — Un autographe de M. Roch. — M. Deibler. — Les Parricides Laprade et Jean Chambe	239
XXVII. — Exécution de Prunier à Beauvais.	243
XXVIII. — Le sergent de ville Prévost. — Assassinat de Lenoble.	257
XXIX. — L'assassinat d'Adèle Blondin.	267
XXX. — Exécution de Prévost.	271
XXXI. — Ménesclou. — Le crime	282
XXXII. — Exécution de Ménesclou	291
XXXIII. — Les quarante jours.	302
XXXIV. — Le parricide Lantz.	311
XXXV. — L'échelle des peines. — Conclusion	325

FIN DE LA TABLE

F. Aureau. — Imprimerie de Lagny.

LIBRAIRIE DE E. DENTU, ÉDITEUR, PALAIS-ROYAL, PARIS

Collection grand in-18 jésus. — Publications récentes.

˟˟ Aimard. Corafilo d'amor. 2 vol.	6 »
Assollant. Les crimes de Polichinelle.	
1 vol.	3 »
Audouard. Les Escompteuses. 1 vol	3 »
Aycu. Les Amours au Sérail. 2 vol.	6 »
˟˟ Auberand. A qui sera-t-elle? 1 vol.	3 »
˟˟. La belle Marie. 1 vol.	3 »
˟˟˟˟˟. La Marchande de Tabac. 1 v.	3 »
˟˟ Belot. La Bouche de Madame X***	
1 vol.	3 »
˟˟ Beskbray. Le Fils d'une Actrice. 1 v.	3 »
Boisgobey. Bouche cousue. 2 vol.	6 »
˟˟ Boniier. La Lizardière. 1 vol.	3 »
˟˟ Bost et Saint-Véran. La Déesse Raison.	
1 vol.	3 »
Cadol. La Fille-Mère. 1 vol.	3 »
˟˟ Cavaillon. Les Sportsmen pendant la	
˟˟. 1 vol.	50
˟˟˟˟˟. Fanny Minoret. 1 vol.	3 »
˟˟˟˟ La Piaffeuse. 1 vol	3 »
˟˟˟˟. Le Million. 1 vol.	3 50
˟˟˟˟ le Ministre. 1 vol.	3 50
˟˟ Claudin. Le Store baissé. 1 vol.	3 »
˟˟˟˟˟ Les Drames du Gange. 1 vol.	3 »
˟˟ Crincourt. Le Catalogue de l'Amour.	
1 vol.	3 »
Cravette. Le Comte Omnibus. 2 vol.	6 »
Daudet. L'Évangéliste. 1 vol.	3 50
Daudet. La Caissière. 1 vol.	3 »
˟˟˟˟. Les Enfants de la Balle. 1 vol.	3 »
˟˟ Duval. Vaulaisant et Bourbon. 1 vol.	3 »
˟˟ Durand. Histoires de tous les Diables.	
1 vol.	3 »
˟˟˟˟˟. Les Amours d'une Empoisonneuse.	
1 vol.	3 50
˟˟˟˟˟˟. La Vengeance de beau Vicart.	
1 vol.	2 50
˟˟ Gambouillad. Les Folies de Paris.	
1 vol.	3 »
˟˟˟˟. Belle. 1 vol.	3 »
˟˟ Goron. Paris horrible. 1 vol.	3 »
˟˟ Goncourt. Les Dames de Chambley.	
2 vol.	6 »
Halt. Brave Garçon. 1 vol.	3 »
˟˟˟. Les Parisiens chez eux. 1 vol.	3 50
˟˟ Jame. Les Haines de Famille. 1 vol.	6 »
˟˟˟˟ray Mlle de Saulais. 1 vol.	3 »
Katow. La Fille du Cardinal. 1 vol.	3 »
˟˟˟˟˟˟, Choses d'Amour. 1 vol.	3 »
˟˟˟˟delle. Rouget et Noireau 1 vol.	3 »
Lapointe. Reine Coquette. 1 vol.	3 »
De Launière. Les Drames du Feu. 2 vol.	6 »
Jules Lermina. La Criminelle. 1 vol.	3 »
Louis Leroy. Le Monde amusant. 1 vol.	3 50
Hector Malot. Paulette 1 vol.	3 »
Mardoche et Descenais Les Parisiennes. 1 v.	3 50
Jules Mary. L'Aventure d'une Fille. 1 vol.	3 »
Marque et Mox. Les Berceuses 1 vol.	3 50
Sacher Masoch. La Femme séparée. 1 vol.	3 »
A. Mortuay Le Duc de Kandos. 2 vol.	6 »
Charles Mérouvel. Les derniers Kérandal.	
2 vol.	6 »
Monsieur de la Motte. Justice de Femme. 1 v.	3 »
Xavier et Monténin. Simone et Marie. 6 vol.	18 »
Eugène Moret. Son Eminence noire. 1 vol.	3 »
Catulle Mendès. Monstres parisiens. 1 vol.	3 »
Eugène Muller. Le Père Victor. 1 vol.	3 »
Nadar. Le Monde où on patauge. 1 vol.	3 »
Pierre Ninous. Le Bâtard. 2 vol.	6 »
Oscar Noirot. Les Fiancés de Lausée. 1 vol.	3 »
Victor Perceval. Une Date fatale. 1 vol.	3 »
Adolphe Racot. Le Supplice de Lovelace. 1 v.	3 »
Emile Richebourg. Jean Loup. 3 vol.	9 »
Vast-Ricouard. La Haute Pègre. 1 vol.	3 »
Maxime Rude. Ida l'Enfant. 1 vol.	3 »
Edouard Rod. Palmyre Veulard. 1 vol	3 »
Paul Sarratoff. Le Destin de Nérine. 1 vol.	3 »
Auguste Siurdre. Les Lopéos conjugales. 1 v.	3 »
Paul Saunière. Les Jouisseurs. 1 vol.	3 »
Scholl de la Faveur. La Fente des Pères.	
1 vol.	3 »
Aurélien Scholl. L'Orgie parisienne. 1 vol.	3 »
Saint-Maxent. L'Abbé Coristie. 1 vol.	3 »
Albéric Second. La Vie facile. 1 vol	3 »
Aurélien Scholl et Leveridou. La Fille de Nana.	
1 vol.	3 »
Société des Gens de Lettres. La Ronde des	
Conteurs. 1 vol.	3 50
Lion Séché. Contes et Figures de mon pays.	
1 vol.	3 »
Léopold Stapleaux. Boulevardiers et Belles	
Petites. 1 vol.	3 »
Maurice Talmeyr. Le Grisou. 1 vol.	3 »
Jesse Turin. La Vertu de Madeleine. 1 vol.	3 »
Paul Tixon. Les Joies de la Vie. 1 vol.	3 50
Pierre Vaxon. Le Guide de l'Adultère. 1 vol.	3 »
Emile Villemot. Les Volontaires de l'Amour.	
1 vol.	3 »
Pierre Zaccone. L'Homme aux cent Millions.	
1 vol.	3 »
Emile Witt. Les Aventures d'un jeune Ingénieur.	
1 vol.	3 50

www.ingramcontent.com/pod-product-compliance
Lightning Source LLC
Chambersburg PA
CBHW060454170426
43199CB00011B/1196